中產悲歌

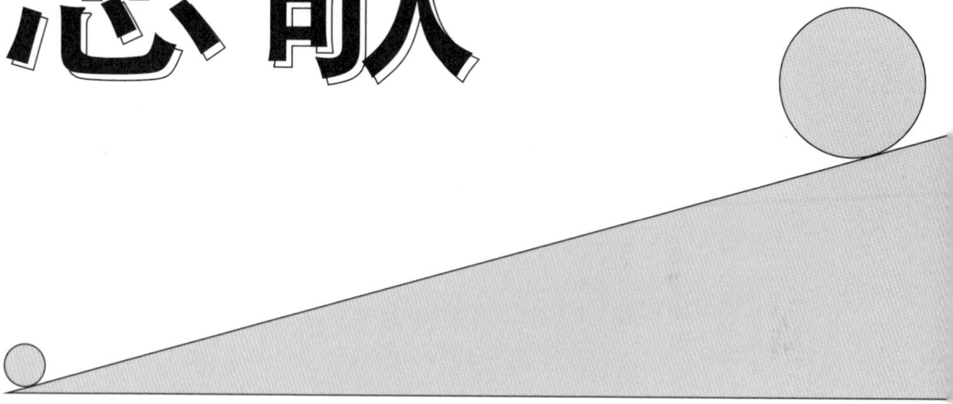

WE HAVE NEVER BEEN MIDDLE CLASS

哈達絲·維斯——著

翁尚均——譯

目次

致謝詞　中產階級（關於愛的故事）　011

導論　我們從來不是中產階級　017

「中產階級」意味著，我們會對自身的財富負責、盡可能努力工作，同時削減開支，割捨一些眼前立即的享受，期待將來因這些犧牲而獲得回報。這也意味著：不幸乃是源於對自己所掌握的時間、精力和資源，做了不好的運用。

第一章 我們談的中產階級究竟是什麼？

「中產階級性」意味著任何人都可藉由努力、主動和犧牲來向上攀升，而如果懶惰或欠缺大志就可能會跌落。這告訴我們，我們是自身命運和財富的主人。如果成功，必然是盡了全力；如果失敗，一定是不夠努力，要怪就怪自己。

041

第二章 財產的低調魅力

我們認為投資是一種創造財富的手段，而財產是投資價值的儲存庫。在充滿風險和不確定性的社會中，財產是一種載體，承擔我們所賦予的一切情感或社會的意義，是以安全感作為基礎，以致富的希望為額外的目標。

083

第三章 太人性了

家庭和教育的優勢，提供時間、資源給我們，讓我們善用這些技能和關係找到享有盛譽的工作，讓大家相信我們配得上自己所得到的東西。現今不是一個人人平等的社會，造成此現象的罪魁禍首，就是人力資本的累積所導致的效應。

129

第四章 後會有期了價值觀，再見了政治

「一切操之在我」的價值觀，讓工作者在就業、住房和教育等方面展開競爭。使這些資源維持足夠稀有的狀態以保持高報酬率，同時又迫使工作者以維護私利的態度採取行動，以保護自己所擁有的東西並設法獲得更多。

169

結論

中產階級自我暗示的「一切操之在我」是虛假的。如果我們設法將社會結構和制度，轉變為與我們意志相呼應的方式，就可以真正掌控自己的生活。我們可以對社會進行反思、批評和集體行動，因為那才是我們真正的樣子。

205

注釋 267

致謝詞

中產階級（關於愛的故事）

身為一名人類學家，我一直是自己的第一手情報提供者（informant）。本書的想法源自我在成年生活中所遇到的挑戰，但更多是出於我對自己賴以成長之價值觀的留戀。許多人促成並且獎掖我的研究工作，使這些價值觀能夠存續，同時反對與之抗衡的證據，如今我站在了能夠感謝他們貢獻的幸運位置。

出於保密，我無法指名道姓個別說出實地調查時訪談的人，因此我在此向那些以色列人和德國人集體表達深深的感謝：他們在採訪時慷慨地協助我，並允許我觀察他們之間的互動，使我的研究得以面世。

我極其幸運能夠在芝加哥大學人類學系接受教育，每一位教導我的教授都是我靈感的泉源。Jean Comaroff、John Kelly 和 Moishe Postone 引導我寫作學位論文，而且他們對我的影響遠遠不僅於此。

多年以來，Jean 的支持對我職涯的發展與心靈的平靜尤其重要。Moishe 曾對即將出版的本書表示祝賀，但他在我還來不及送出一冊之前即與世長辭，這令我十分哀痛。John Comaroff 和 Susan Gal 在關鍵時刻提供了幫助，Anne Chien 則讓一切變得更加輕鬆順利。還要謝謝那些讓我感覺來到芝加哥就像回去家鄉的朋友：Michael Bechtel、Rachel-Shlomit Brezis、Michael Cepek、Jason Dawsey、Abigail Dean、Jennifer Dowler、Amanda Englert、Yaqub Hilal、Lauren Keeler、Tal Liron、Sarah Luna、Elayne Oliphant、Alexis Salas、Noa Vaisman、Eitan Wilf、Rodney Wilson 以及 Tal Yifat。

在法蘭克福的歌德大學，Hans Peter Hahn是一位出色的督導員。我感謝他以及一些朋友：Jennifer Bagley、Vitali Bartash、Federico Buccellati、Gordana Ciric、Tobias Helms、Kristin Kastner、Harry Madhathil、Mario Schmidt以及Walburga Zumbroich。在赫爾辛基高等教育學院（Helsinki Collegium for Advanced Studies），我從Turo-Kimmo Lehtonen和Joel Robbins那裡學到了很多東西。我很感激他們和Sorin Gog、Sarah Green、Simo Muir、Nadia Nava、Saara Pallander、Minna Ruckenstein、Filip Sikorsky、José Filipe Silva及Andras Szigeti，讓我的冬日生活變得趣味盎然。

在布達佩斯中歐大學的高等研究所，Eva Fodor是一位了不起的主管。我感謝她和Duane Corpis、Thomas Paster、Craig Roberts、James Rutherford、Kai Schafft以及Julianne Werlin。他們是第一批對本書的骨幹理念表達熱切興趣的人。在哈勒（Halle）市的馬克斯普朗克社會人類學研究所（Max Planck Institute for Social Anthropology），Chris Hann

和 Don Kalb 讓我安心開始撰寫這本書，並且一路給予鼓勵。我感謝他們以及其他同事：Saskia Abrahms-Kavunenko、Tristam Barrett、Charlotte Bruckermann、Natalia Buier、Dimitra Kofti、MarekMikuš、Sylvia Terpe 和 Samuel Williams。

感謝 Moran Aharoni、Nora Gottlieb、Agathe Mora 和 Jon Schubert。他們讓我愉快度過在萊比錫停留的期間。由於 Federico Buccellati、Guy Gilad、Andreas Markowsky、André Thiemann、Alina Vaisfeld、Roberta Zavoretti 以及 Gabriele Zipf 的陪伴，讓我在柏林過著遊樂多於工作的生活。在我「浪跡天涯」的學術經歷中，我很高興獲得 Ivan Ascher、Paul Daniel、Rotem Geva、Ehud Halperin、Matan Kaminer、Patrick Neveling、Dimitris Sotiropoulos 以及 Christian Stegle 等人的寶貴友誼。回到以色列後，我的老朋友們 Nira Ben-Aliz、Tzipi Berman、Tsahala Samet 和 Nitsa Zafrir，提醒我什麼才是至關重要的事。我由衷感謝他們。

Ivan Ascher、Josh Berson、Charlotte Bruckermann、Mateusz Halawa、Yoav Halperin、Yaqub Hilal、MarekMikuš、Eckehart Stamer及Mordechai Weiss審閱了本書全部或部分文稿，並且給我十分受用的建議。至於封底的部分，Sebastian Budgen和Richard Seymour也幫了同樣的忙。我很感激他們，尤其是Amanda Englert，因為她可說是我最出色又最辛勤的審閱者。

書中有些片段借自我以前發表過的作品，感謝那些允許我轉載的期刊：〈以色列房屋的所有權：中產階級債務的社會成本〉（Home ownership in Israel: The Social Costs of Middle-Class Debt），《文化人類學》（*Cultural Anthropology*），2014年，29（1），頁128-49；〈資本主義的規範性：價值與價值觀〉（Capitalist Normativity: Value and Values），《人類學理論》（*Anthropological Theory*），2015年，15（2），頁239-53；〈駁家戶財產之價值觀〉（Contesting the Value of Household Property），《辯證人類學》

（*Dialectical Anthropology*），2016年，40（3），頁287-303；〈長壽風險：關於金融資本主義之平凡性的報告〉（Longevity Risk: A Report on the Banality of Finance Capitalism），《批判性歷史研究》（*Critical Historical Studies*），2018年，5（1），頁103-9；〈生命週期規劃和責任：德國的展望與回顧〉（Lifecycle Planning and Responsibility: Prospection and Retrospection in Germany），《民族》（*Ethnos*），2019年。

我的兄弟 Tal Weiss 和姊妹 Lilach Weiss 總是在身邊為我加油打氣。侄子 Shachar、Aviv、Yuval、Tomer 和 Michael 為我的生活增添了甜蜜和喜悅。如果沒有我父母 Rachel 和 Mordechai Weiss 無條件的慈愛和堅定的支持，我是不可能完成這本書，也不可能取得任何其他成就的。言語無法表達我對這個美好家庭的愛和感激之情。

導論

我們從來不是中產階級

» We Have Never Been Middle Class

中產階級並不存在。儘管我們一直在談論這個問題，但我們所說的大部分內容卻是矛盾的。我們擔心中產階級衰落或是受到擠壓，比方說，僅僅和十年前相比，今天自認為是中產階級的人數減少了，而且，按事情的發展趨勢來判斷，那些身處階級邊緣的人很快就會跌出邊緣之外。然而報紙上的頭條新聞不也鼓舞著世人：當我們放眼全球，就會發現中產階級實際正在崛起；在中國、印度、巴西和南非等地雄心勃勃的幸福追求者，其人數正在膨脹。在那些論述的老招數中，有人在質疑中產階級人數的同時，卻又斷定確實存在一個可供人躋身其中或跌出其外的中產階級。

其實這個階級並不存在。證明此事實的一種方式是：看看多年來為確定中產階級成員身分所進行的研究便知分曉。只需翻閱各顧問公司、智庫、發展機構、銷售部門、政府部門和中央銀行出版的研究和分析報告即可發現：研究所採用的標準及其獲致的結論一樣分歧。統計學家在想辦法提出普遍適用的衡量標準時尤其感到困難。富裕國家的人民享有的生活、工作和消費條件，是世界上絕大多數人口夢寐以求的（包括全球那些最有可能被認定為前景大好的新中產階級），究竟有什麼分類標準可以將他們全部涵蓋進去？

可能的分類標準有很多，職業是其中一個：從各種技能的專業人士、經理和專家，到從事任何非手工勞動的人。然而，只要想到大量未充分就業（非全日性僱傭以致生活水準低下，或是未按專長僱傭的）並苦苦掙扎的白領專業人士，或是正好相反，那些高收入的非專業人士，這種直覺上似乎說得過去的分類便站不住腳。另一個受歡迎的中產階級認定標準，是相對不受貧窮困擾的人。根據這項標準，中產階級掌握足夠資源，可以保護自己避免陷入迫在眉睫的飢餓或貧困。但是說到這點，我們也都聽過一些可怕的事：原本穩健的中產階級成員，突然由於個人、國家或全球市場的危機而從財富中垮台。一些分析家將標準訂在「可支配的收入水平」，認為如下的人即可歸入中產階級：

根據固定標準，其收入超過維持家庭日常開支所需，並且可以購買非必需的產品。這個定義誤導性地假設該階級成員的收入必然穩定，可以從中計算開銷，而且能分配的每份金額亦固定，殊不知在當今世界中，金錢實際上是以非常不規則的方式在家戶中流入流出的。其他分析師則按照「絕對收入水準」來定義中產階級，但是，即使調整了國家的物價指數，他們也面臨類似的問題。

金錢的相對價值是一回事，由於人們必須應付當地的物質、社會基礎設施以及政治環境，因此可以用金錢來做什麼又是另一回事。在不同國家中享有類似收入水平的人，其生活水準截然不同，因此很難想像他們隸屬於同一群體。另外還有一些說法，將中產階級定義為「中等收入」的人，也就是那些占到國家收入平均中位數等級的人。如此一來就無法做跨國比較了。此外，無論在哪個國家，中等收入等級和較低收入等級之間，因為差異太小，以致無法以令人信服的方式將其各自的成員區分開來。最有趣的標準是頑固地量化分析師所稱的「主觀認定法」：單純要求受訪者認定自己是否屬於中產階級。這種方法總是讓分析師犯下錯誤，因為整體而言，這個標準會比其他標準讓更多人將自己定位為中產階級。這種情況舉世皆然，中產階級的標籤經常就貼上那些在其他標準中、原本應被歸類為上一等級或是下一等級的人。[1]

雖然分析師對於中產階級的定義並不同調，但是公共部門和商業圈子的代表就沒有這種限制。專家表現出廣泛的共識，認為中產階級是一個非常好的現象，而且總是哀歎其受到壓縮，或是慶幸其成長壯大。所謂的中產階級也是政治家的心頭好，不論是左派或右派、保守主義派或自由主義派，都聲稱自己所擁護的政策代表了中產階級的利益。智庫和顧問公司幫助政治行動家、吸引自我認同或是有抱負之中產階級的注意。市場營銷專家一方面提出擴大中產階級的策略，一方面也指導企業高管如何迎合中產階級的特別需求。這些行動家結合專業文獻和報導的力量，將中產階級與一系列社會和經濟上亟欲實現的目標聯繫起來。他們特別將安全保障、消費主義、企業家精神以及民主制度當作中產階級的支柱，更進一步認為這些屬性是相互關聯的，在經濟成長、現代化和集體福祉的良性循環中，其中一項自然會導向另一項。[2]

與此同時，有些社會科學家費心檢驗了那些被認為是全球新中產階級部分人士的生活，結果卻對那些屬性中的每一項都產生嚴重質疑。根據他們的描述，將這些人結合起來的共同特點不是富裕，而是缺乏安全感的嘮嘮叨叨，再加上「負債所有權」（indebted ownership）以及身不由己的超時工作。他們指出，這些人共同的傾向是：將自己所擁有的額外現金存起來或投資房產、保單等產品，而不是將可支配的收入花在消費品上。

他們認為那些人偏好規律的薪資收入勝過須冒風險的企業利潤，而且追求後者這種利潤，往往是因為缺乏穩定的就業，退而求其次的辦法。他們還強調一點：那些人在政治上講求實用主義，支持任何可能保護自身利益的政黨和政策，而不是全面無條件支持民主制度；這一點在拉丁美洲的近代歷史和當今中國的情況中很容易看出來。[3]

也就是說，「中產階級」是一個格外模糊的類別，既沒有明顯的界定，其確實性亦不令人信服。然而，這種模糊特性也絕不會妨礙其全面流行。此概念擁有龐大的跨國知名度，不僅體現在政治和經濟領導人物關於中產階級利益、美德和心願的發言中，同時體現在全世界各行各業人士企盼躋身中產階級的渴望中。現在，當一位人類學家遇到一個如此受人推崇卻無法清楚定義的類別，並且看到該類別被政治家、發展機構、企業領導者和營銷專家如此積極地拿來大做文章時，她可能會想到一個東西：意識形態。

我在研究經常與以色列和德國中產階級牽扯在一起的系列問題時，偶爾也會參考這些問題在世界其他地方的情況，結果發現這項意識形態是擺脫不了的常數。這個常數促使我在質疑觀察對象是如何被識別時，變得更加直接。我問自己：如果中產階級實際上是一種意識形態，那這意味著什麼？有什麼用處？是如何產生的？為什麼如此引人注目？寫這本書的目的就是為了回答這些問題並探討其中的含義。

我以相當獨特的方式將其中的論點呈現給「被牽連進來的」讀者群，這點需要解釋一下。在今天這個時代中，代名詞「我們」是不可靠的，因為幾乎總會招來「我才不是」的挑釁。各式各樣的政治家、業主、牧師和活動家經常將「我們」掛在嘴邊，以求將異質的公眾團結在一起，使他們認同一些「大家共通」的目標。與「非我們」（not-we）相較之下，「我們」能更自然地表達出來，無論是相對於「我們」這百分之九十九的強大百分之一，還是被視為威脅到「我們」的身分認同和財產的「反公眾」（counterpublic）。我在這裡想的是一種不同類型的「包含性」（inclusiveness）。它既不是疊加的（superimposed），也不是出於策略目的，更不是為了對付假想的反對方而做出的集體宣告。這是一種悄悄的、自鳴得意的「我們」，強調的是我們的奇想。

社會學家布魯諾·拉圖爾（Bruno Latour）寫出《我們一向都不現代》（*We Have Never Been Modern*）來反駁以下這種奇想：我們將自己視為現代或非原始的，並且吹捧一種植基於將人類與非人類、社會世界與自然世界分離的客觀性。拉圖爾聲稱這種區別從未真正存在過，同時認為像全球暖化、數據庫和生物科技這類的混合體，正在挑戰「它曾存在過」的信念。拉圖爾認為，這項十分突出的假設，其實是西方科學界和工業界的一個建構。他詳細闡述明顯缺乏現代性的之前和之後階段，以便從相對的觀點重新審視它。

多虧拉圖爾那本具開創性的作品，我從未懷疑過自己能否同樣反駁中產階級這種幻想。我認為這個類別是假的，因為它代表了我們從來就不曾具備的權力。我也認為它是種意識形態，因為它所提起的那些權力，不僅其目的不是我們的，其結果也並非對我們有利。不過我確實努力要將這一論點呈現給「被牽連進來的」讀者群。如果人類學家對什麼事特別反感，那便是「以偏概全」，亦即莽撞地假設現在被我自己想像為正確的方式，就是我們所有人過去和現行的方式，而且總是自然的恩賜、上帝的旨意或者某種天生本能的表現。人類學家傳統上研究的不是「我們」，而是「他們」，也就是說，研究那些以不同方式行事的人，而且那些人的「他性」是無法輕率加以概括的。因此，一本書如果只以我們為主題、寫給我們自己看，那麼對一位人類學家來說，這種做法是有悖於直覺的。

但我是在懷抱一個特定目標的情況下，刻意做出了這種選擇。因為有一件事正好落在人類學的範疇裡，那就是批判。雖然人類學迷戀著遠方和外國的一切事物，但通常不會假裝是《國家地理雜誌》那種中立、科學或客觀的立場。相反的，人類學往往是一種手段，透過這種手段，可以對世人普遍採用的區分和屬性進行一些有意義的干預，干預那些近旁、熟悉的尋常假設，無論是關於種族的性質和真實性、種族差異、性別角色和性取向的起源和影響，或幼年期、青春期、成年期和老年期的分界以及特點，或信仰、儀式、情感和科學推理的社會用途，或是飲食、工作、休閒和睡眠的模式及功能，或是健康和病變的定義和意義，或是組成家庭、部落和民族國家的關係。這張清單還可以繼續列下去。

邏輯運作的方式有點像這樣。舉個例子，如果世界某地方的人並不自私自利，那麼大多數人類學家所來自的先進資本主義經濟體（也是他們在其中發表研究成果的經濟體），其自私行為就必然源自於人類天性以外的東西。如果世界上有其他人在商品與服務的生產與分配上，以更平等或集體管理的組織滿足自身的需求和欲望，那麼我們的經濟和政治制度就有了可以想像的替代方案。

然而，由於人類學傳統範疇較狹窄，批判的挑戰就變得更加複雜。以前遠在天邊的地方如今不再遙不可及，而一度是外國和異地情調的社會，已被納入市場和媒體的全球網絡。具有批判精神的人類學家發現自己陷入了困境。一方面，他們有心推翻過分草率的假設，揭穿自以為是的以偏概全，並且攪亂根深蒂固的優勢支配結構。另一方面，他們也和自己的研究對象一樣，被捲入一張精巧且全面的社經網絡中。這張全體性的網絡，使人類學家陷入它所強加的競爭壓力、所造成的自私自利，以及它在每個人工作、消費與人際關係所引進的懲罰和誘因當中。這讓他們很難找到一個施力點，來批判那股影響他們自己及研究對象的力量。

以前能成功精準批判的人類學家，關注的對象通常是較為邊緣的人口，這類對象雖然受到全球資本主義的壓力，但同時也過著不受該壓力牽絆的生活。如今，即便是這些人口，也已經完全融入全球貨幣和商品的生產流通網絡。這種生產和流通，透過國家、核心家庭、自由市場、信貸與債務、私有財產、人力資本（human capital）、投資以及保險等制度的設立或更新，而被導往特定的方向。每一種制度都有自己的基本原理，而且分別以不可思議的方式，與人類世界中的其他制度連結在一起，每一個似乎都重大到很難認為是世人在某個時間點創造出來，用以操縱自己所身處的狀況或進行鬥爭。這些制度出現在資本主義已站穩腳步的地方，並且塑造了世人自我理解的方式，無論是受僱者、投資者、債務人、公民、家庭成員、財產所有者還是社會某階層的成員都一樣。因此，代名詞「我們」所隱含的普遍驅動力，既非異想天開，也非自以為是，而是資本主義本身無處不在的副產品。

資本主義的普遍性就中產階級這類別而言是最為突出的，因為此一類別具有徹底的廣泛性和包容性：每個人都被預設為金錢、時間或精力之自主投資者的形象（如果不是當下現況，至少代表未來潛力及願望），而社會則是由許多互動個體組成的合成物。人們在無法立即獲得回報的狀況下，願意付出更多的努力，承擔起比必要承擔更大的債務負擔，並且盡可能減少開支，以便為自己和家庭未來的幸福預做準備。財富因此被認為是個人投資的結果——除了那些由於各種社會和地理障礙，而被剝奪以這種方式進行投資的人，但這些人也被假定正在設法克服這些障礙。

中產階級所謂「每個人都可以加入、開闊、日益全球化」的形象，消除了工人與資本家等類別的分野，這暗示了：就本質而言，每個人都是有上進心的準資本主義幹將。此外，這個形象還模糊了性別、種族、國籍和宗教等潛在類別劃分的邊際，以致中產階級的結合與競爭，旨在於打破並超越這些劃分所定出的界限，鼓勵世人根據私人利益重新定義自己的社會地位。[4]越來越多人可以獲得範圍寬廣的消費品，促使各式各樣的區分獲得落實，以及身分認同的蓬勃發展，因此這個形象也涵蓋了多樣性。與此同時，這也會鼓勵競爭性消費、生活方式和投資，以保證部分人的優勢、防止他們掉入相對於他人的劣勢，從而加劇了不平等。

「中產階級」意味著，我們會對自身的財富負責、盡可能努力工作，同時削減開支，割捨一些眼前立即的享受，並為了貸款購買恆久資產而犧牲內心的平靜，期待將來因這些犧牲而獲得回報。這也意味著：不幸乃是源自於對自己所掌握的時間、精力和資源，做了不好或不充分的運用；社會只不過是過多的個體在參與彼此的自私投資而已，有時形成結盟關係，有時處於競爭態勢；而社會制度也不過是投資者的勢力與偏好，各自獨立或是聯手合作之體現。

我們認同這些觀點，更常見的是，我們不經思索便在行為及感受中表現這些觀點。那是因為它們就形成於我們的生活節奏中，並且融入運用工具以及活動所賴以組織的制度裡。這也是因為，有時候當較大的投資者獲得比起較小投資者更多的優勢時（例如房東之於租客），他們實際上會受到暫時且相對報酬的肯定。但是，如果原本就心存疑慮，那麼當我們運用的工具與內部運作的制度，不再能夠如此順利地發揮效能，或是當投資取向的假定回報沒有立即出現時，那些疑慮可能會被喚醒。哲學家黑格爾（G. W. F. Hegel）曾寫出膾炙人口的一句話：「密涅瓦的貓頭鷹只在黃昏起飛。」他的意思是，我們一般只能在事情發生後才能理解箇中道理。在這種情況下，批評的鐘聲在中產階級理想的黃昏時刻響起，那時許多聲音已開始一致哀歎其衰落。正如我將在本書中解釋的那樣，這個時機與近幾十年全球金融業日增分量的主導地位有關。強勢的金融業將中產階級認同導入了新興的自由化經濟體，同時在人口長期被視為中產階級的國家中榨取家庭資源。

因此，希望在本書中使用「我們」這個內括性的代名詞，不會被當作是對人群差異性的無知或不尊重。我知道並且了解：有許多人生活在極其不同的條件下；有許多人無法掌握資源，也不會因為投資而讓生活變得更好或更糟；有許多人不贊同本書的任何假定。倒不如說，這種形式的論述源自於我的決心，亦即認真探究那個產生並普及成一種漏洞百出又過於膨脹的中產階級形象、並且使其合理化的結構性力量。我的目的是為那些適用「中產階級」標準的人（例如本書的潛在讀者）挑出該標準中似是而非的成分。我確實認為他們和我一樣，都是教育投資的產物。他們會積極投入時間和金錢來學習更多事物，並且默認這種努力的長期意義。藉由與經常進行此類投資的讀者直接對話，我希望能在我們的共同點之外加入其他東西：對先入為主的知識進行反思。

儘管已做出謹慎的投資並繼續為自己的未來努力奮鬥，我們當中卻有越來越多人處於不安全和掙扎的狀態。因此，中產階級的遠景似乎不再那麼可信，提出質疑的時機已然成熟，實際上，很多人早已率先發難。然而提出質疑的形式有很多種，有些人對如下事實感到高興：由於大眾得以進入全球金融市場並掌握其工具，因此現在可以擺脫中產階級「放棄享受」的束縛，超越對於明智消費和財產增加能帶來安全感和逐漸進步的期望，並且由此「分一杯羹」。[5]

理財書籍鼓勵我們冒險，其中最暢銷的一本，莫過於二十、二十一世紀之交，羅勃特・清崎（Robert Kiyosaki）的著作《富爸爸，窮爸爸》（*Rich Dad Poor Dad*），清崎比較了他從兩位父親那裡得到的建議。第一位是大學教授，他認為家是最大的資產，總是在煩惱加薪、退休計畫、醫療福利、病假、休假日和其他津貼等事。他喜歡大學的終身職，因為那代表就業的穩定。他希望兒子努力學習，以便找到一間能安身立命的好公司。他一生都在為錢奮鬥，死後卻留下尚未清償的帳務。第二位是企業家，很勉強才念完八年級，後來卻成為夏威夷最有錢的人。他把奉行中產階級父親建議的人，比喻為準備擠奶的乳牛。富爸爸會建議子女學習金錢運作的原理，經常精明地買賣資產，總是關注新的賺錢機會。後者是默默無聞的英雄，他的聲音會在書中被傳達出來，試圖讓讀者擺脫中產階級的沉默，並引發他們對金融風險及財富的興趣。

這類書籍顯然不是為了批判的「我們」，而是為了雄心勃勃的「我」所寫的。這個「我」認知到中產階級意識形態的失敗，並且希望超越那些可能繼續生產所有必要商品、提供所有必要服務的瘋狂人群。這些書與最近大量出現的文本形成了鮮明的對比，文本的作者和讀者不那麼熱衷於操縱體制，他們更想弄清楚體制失敗的原因以及如何修復。這些文本診斷出中產階級的壓力（特別是在美國的背景下，但絕非只有美國），將這壓力歸因於實質薪資增長停滯、社會福利減少、健康和教育的成本上升、投機性金融的力量不受約制、易受金融危機的侵害、不合理的收費以及不公平的稅賦負擔等因素。6 他們在批評被他們診斷為困擾中產階級的因素時，卻很少質疑那些支配中產階級成員生活的制度邏輯，而寧可將這些制度未能實現的安全和富裕遠景歸咎於外部原因。他們提出的改革，旨在使中產階級在房地產、保險和教育上常見的投資達到過去的效益水準。

人類學家與單純的觀念理論家相比具有一個重要優勢，前者透過民族誌的研究（基於對人類經驗之構成及其如何結合的廣泛理解），極有可能看出那些表面上似乎是獨立的制度、彼此之間的相互聯繫，主要是政治、法律、經濟制度，以及與文化、生活方式和信仰相關的制度。事實證明，這對於眼前的問題具有重要價值，因為中產階級的意識形態就出現在經濟、政治和文化的潛在隱憂上。人類學家討論的通常是中產階級的複數形式，以表明其所謂成員的異質性。人類學家借助在各個國家及環境所進行的廣泛實地調查成果，以一種傳達那些人所受約束的方式，描述其社會關係和主觀經驗。他們特別關注那些人的工作方式、消費和政治行動，並追蹤這些模式如何與國家和全球市場中出現的壓力和機會交織在一起。[7]

他們的見解令我受益良多，我在自己的分析中也經常加以借鑑。不過，我還是要從一個不同的角度探討中產階級，亦即「內在批判」（immanent critique）的角度。學者們利用「內在批判」達成不同目標，其前提是：與其從外部批判一個類別或制度，不如透過挖掘更多內在的緊張和矛盾，以便更全面地掌握它。要做到這一點，必須在策略上從外表判斷我們有興趣搞清楚的事物，然後順著它在世界上或世人生活中的運作方式，以發現其自身邏輯欠缺周延的地方。由於民族誌田野調查工作的標誌性方法學，人類學領域對「內在批判」具有濃厚的興趣。以這種方法觀察事物，是事物被定義和描述的常見方式，並且利用訪談數據以及對於人的觀察（觀察在相關的制度裡，人隨著時間推移以及在特定環境裡的作為）加以補強。這幾乎總是明顯地呈現出各制度的官方邏輯和意識形態邏輯之間的許多緊張關係，以及人們在其框架中所做的事情和行動的結果。

由於所有的類別和制度，都是在某些時間點設計出來為特定人群實現具體目標的，因此這種緊張不可避免。即使是他們當中最成功的人，情況亦復如此。他們仍呈現普遍性和常態的樣貌，彷彿缺乏目的或起源，這是不偏不倚且無可置疑的事。「歷史偶然性」（historical contingency）的「物化」（thingification）（學者有時稱之為本質化〔essentialization〕或具體化〔reification〕）乃是一種意識形態可以企求的最大力量，使其超越爭論，成為生活中的事實。但這個想法是建立在不可能的基礎上的，在一個由獨特、複雜並具有反思能力的人類組成的世界中，沒有哪一個特定目標可以在每個人的思想和實踐中占到這樣一個據點，以至於實際上變成如同有時被認為的「類物」（thing-like）的東西。因此，緊張和矛盾須被破壞和解構。

以下是我在本書中採用的方法：第一章討論了中產階級類別與資本主義的關係，然後在第二章和第三章讓中產階級分別與私有財產、人力資本等制度連結，以凸顯它們的前提和承諾。在第四章中，我勾勒出與中產階級連結的政治和價值觀的普遍特點。最後，我會在結論中將這些論點連貫起來，同時釐清剩餘的脈絡。在整個調查過程中，我會導入自己在以色列和德國進行的民族誌研究案例，同時也會參考人們在世界其他地方進行的民族誌研究。這些探索促成了我的發現，而我將這些發現的結論寫在這裡。即便如此，我還是花了書中大部分的篇幅從概念上發展觀點，同時謹慎使用民族誌資料，僅將其用於舉例說明。有關全球所謂「中產階級」的生活和經歷的文獻數量，已經相當龐大且仍在增長，我在腳註中引用了其中最優秀的部分，以便有興趣進一步了解這個被如此稱呼之群體的人，能夠以真正的中產階級精神進行必要的投資。

第一章

我們談的中產階級究竟是什麼？

>> We Have Never Been Middle Class

我們談的中產階級究竟是什麼？這個詞的關鍵不是「階級」（class），而是「中產」（middle）。這意味著一系列的位置變化，人們在較高和較低的位置間來回移動。中產階級的中間性暗示了空間：我們在社會和經濟上的移動，是相對於占據較高或較低位置的人而言，有時較接近某些人，有時又較接近另一些人。這也意味著在時間上的移動：我們意識到在自己的生命週期中可以上升或下降。

家族裡連續幾代的人可能會做同樣的事，促成、持續或改變更宏觀的上升或下降軌跡。我們的不停移動，正代表著不安定。中產階級有時被描述為一個有抱負的群體，被觸手可及的富裕前景所吸引，但有時又被說成是個缺乏安全感的群體，縈繞心頭的是對失敗的恐懼。誠如社會評論家芭芭拉・艾倫瑞克（Barbara Ehrenreich）所言[8]：需要不斷努力來確保並維護自己的社會地位。

我們談論中產階級時，「中產」的概念是被放大的，而與此相比，「階級」則被淡化了。事實上，正如一些理論家所指出的那樣，「階級」被淡化到說起「中產階級」幾乎就像沒有提到任何階級那樣。[9]這些理論家指出，如果與種族、宗教、國籍、性別或是性取向相比，「中產階級性」（middle classness）既非傳達一種深刻的認同感，也不會激發同一群體中（還得先承認真有這種群體）同儕的明顯忠誠。其中一個原因是，與奴隸和主人、農奴和領主，甚至是工人和資本家的對比不同，中產階級沒有任何一個明確與之對立的階級。相反的，它以大量支離的個體形象取代了具凝聚性和精細劃分的群體。每個人都帶著個人的歷史、驅力和命運，似乎沒有固定的定義可以說明他們是誰、會做什麼或其處境可能如何。

更有甚者，近幾十年來，我們常認為社會單純是由中產階級和其他階級組成的。在這種觀念中，中產階級代表的是常態：個體自食其力，以傳統的方式在經濟和社會上進步或衰退，也就是循序漸進、獨立、遞增的（除非遇到特殊事件），沒有顯著的波折。這被視為反映他們投資及其回報，或者怠惰及其懲罰的標準性質。按照公眾的想像，位在中產階級之上的，便是輕鬆過活、省去攀升之努力以及衰落之危險的特權菁英。而位在中產階級之下的，則是依賴社會福利混日子的下層階級與其他邊緣人口（如果我們的參考框架是發達經濟體）或者窮困大眾（如果我們關注的對象是較不發達之經濟體），被束縛在苦難之中、翻不了身的窮困大眾。

中產階級作為個體自決之「無階級色彩標準」（class-neutral norm）的概念，否定了「階級」所代表的涵義，也否定了此觀念：「非直接和非個人的力量可以決定我們在社會中的地位，或是預先設定我們將擁有的機會和生活質量。」比起種族、性別和宗教等類別，「階級」更能作為決定生活的外在因素。這是因為社會和經濟的機會，是「階級」這個概念所固有的（與此相反的是，例如某一種族或性別群體的成員，會因特定地點、特定時間之種族或是性別屬性、等級的可識別影響，而被賦予某種命運）。拒絕階級或是主張中產階級（反正是同一回事）就是摒棄以下這種觀念：生活中成功的機會可能是由我們自己的欲望、能力和努力以外的東西所決定的。

成為中產階級的可能性，暗示了階級的流動性，無論是上升或下降，都是我們自己造成的。要為「中產階級」找出所指稱的對象是很棘手的事，這是因為其界限極不固定。實際上，這些界線必須極不固定，否則流動性是無法發揮作用的。中產階級代表著開放的、可變動的「菁英治理」（meritocracy），承諾所有投資的人可以躋身其中，而任何不投資的人即有走下坡的風險。延遲滿足、犧牲消費以便存一些錢、承擔「負債所有權」（indebted ownership）的風險和義務，或投資於教育、培訓、家庭與儲蓄計畫及養老金，在在都是中產階級向上攀升和防止跌落的策略例子。「中產階級性」意味著任何人都可以藉由努力、主動和犧牲來向上攀升，而如果反覆無常、懶惰或欠缺大志就可能會跌落。這告訴我們，我們是自身命運和財富的主人。我們在社會同儕眼中的形象亦復如此：如果成功，我們必然是盡了最大的力量；如果失敗，一定是我們不曾努力，要怪就怪自己。[10]

如果這是「中產階級」一詞的意思，那目的是什麼？我們可以藉由觀察其最重要的粉絲（無論是政治家、政策專家、企業、營銷公司、開發局處或是金融機構）來回答這個問題：所有那些高聲宣傳中產階級價值的人，都是民主、進步以及藉消費刺激經濟成長的先驅。當他們尋求中產階級的擴張，或為中產階級的利益和脆弱說話時，他們的感受和綱領會有明顯的不同，有時甚至相互矛盾。然而，共通之處是對於資本主義的實際依賴（儘管很少直接承認），因為他們畢竟仰仗該主義的作用來實現各自的目標。

有關所謂資產階級（bourgeoisie）的優點，經濟學家迪爾德麗・麥克洛斯基（Deirdre

McCloskey）已經寫了一冊又一冊、雖博學但冗長的書來為其辯護。她在中產階級身上發現了一切長處，從誠實特質和較豐富的社會、情感甚至精神生活，到各式各樣的身分認同選擇。[11]任何曾經拜訪過富裕社區、並且聽過那裡的居民吹噓自己從未鎖過自家大門的人，就知道能有特權自詡為道德人士是多麼令人討厭。但是，如果連麥克洛斯基那樣聰明的人，都認為許多美德與行使這些美德所需的巨大特權是不可分割的，那麼她就是以資本主義的信念在說話了。她認為，我們所有人都掌握的這些條件和感情，皆是經濟增長的戰利品：擁有資產階級優點的人越多，他們的生活也將如同先前經歷過這種生活的人（據說數以億萬計）一樣豐富和自由。

文學評論家佛朗哥・莫雷蒂[12]（Franco Moretti）將麥克洛斯基所稱的「資產階級」改稱為「中產階級」。此舉提醒我們，到了十九世紀時，後者由於更能表達社會流動性，因而取代了早期那個較具嚴格定義的類別。如果考慮到這一點，我們就能理解何以麥克洛斯基要說「中產階級是資本主義的主角」了。這些角色的優點反映了資本主義本身的優點，而其數目的激增，標誌著其財富的激增。莫雷蒂也觀察到，麥克洛斯基認定之中產階級成員的誠實特質與資本主義市場的運作是多麼密切。一個經濟體制下理想的典型行為者，只需遵守規則就可以享受回報，但若是想操縱如此有益的系統，則無法獲得任何好處。

如果我們從這一見解出發，那麼解釋「中產階級」這個類別的一個明顯切入點，就在於研究資本主義如何運作及其導致的結果。現在，讓我簡述一下資本主義某些預示中產階級目的的面向。[13]麥克洛斯基不願意在如下這個陳舊的描述之外、對資本主義的定義另闢蹊徑：「資本主義是自利的行為，如放任其進行良性競爭，即能鼓勵進取與創業精神、促進市場成長，並且造成溢出效應（spillover effect，即水漲船高的道理）」。資本主義的此一標誌則是更具啟發性的起始點：除了少數例外情況，生產過程的基礎並非集中計畫或是協調運作的。資本主義的生產，與可替代的或是早期社會與經濟制度中的生產不同，前者通常不是為了生產出滿足人們所需的商品和服務（這些商品和服務是經由民主程序或專制法令而決定），而是每個人都被假定能自由生產他們想要的東西，而且生產者之間的競爭決定了每個企業的成敗。

資本主義的支持者通常會主張，這種成功或失敗最終反映生產者多麼能夠滿足需求：如果世人的動機沒有強烈到購買某些商品或服務，那麼這種商品或服務就不會被生產出來；如果還是生產了，那麼生產者就會破產。

同樣的，企業家捕捉外界對於商品和服務的渴望訊號，知道自己可以從生產中獲利，因此這些商品即根據需求而被產出。儘管沒有進行事先協調，但是透過市場機制的自由運作，民眾的需求和欲望顯然也被滿足了。這種推理方法的缺點在於：即使有了那些具充足購買力、關鍵性支持的大眾需求，並為任何單一企業能夠銷售與否劃定最終界限，但那也是產品生產出來以後的事。也就是說，這會造成眾多企業破產、過多產品白白浪費，並且導致多種需求仍然沒有得到滿足。

關鍵的是，這些結果並非因為生產者未能準確預測需求，而是這體現了資本主義制度的邏輯，不可避免地導致長期的生產過剩。生產商為了避免被淘汰出局，需要過量生產並以低於競爭對手的價格出售產品。

這種競爭壓力是推動企業發展的動力。因此，最終生產出來的東西並不代表就能滿足需求或欲望，反倒只能藉由削減成本、抬高價格、重置和更新的有利性，以及藉由對個人有意義的微小調整來誘發大眾的需求，以求在市場上分一杯羹。隨之而來的大量商品（從雜貨、娛樂到品牌時尚，再到各種專業服務）都想辦法要從我們的荷包挖出錢來。無論製造商和零售商如何處心積慮地想將商品塞進我們的喉嚨，但在一般情況下，要麼是對我們沒有用處，要麼就是太多了我們負擔不起。

由於生產商努力想使自己達到比其他生產商更具競爭優勢的生產力水準，導致整個生產過程都會發生變化。此一過程融合了創新技術，可以加快產品供應並使其多樣化，同時也令很多工作變得多餘，並從每個剩下的員工身上盡可能榨出工作量。這說明了資本主義活力的來源，而且正因如此，需要用以生產經濟體系中過剩商品的整體工作時間也就越來越少。這也說明了一個事實：在有些人埋頭工作，以至於幾乎沒有時間與親人相處時，有更多擁有同樣技能的人卻正在承受失業、就業不足和貧窮的衝擊。當你從全球總體來思考資本主義時，一個重要標誌即是這種嚴重落差：一方面是產量極其驚人、但因無人問津而被浪費掉的商品，另一方面，世界上卻有很多人因匱乏而陷入絕望，並且為賺取最基本的生活必需而勞動；或是一些人工作過度勞累，而另一些人卻在失業的困境中消沉度日。

為了使生產的巨輪持續向前滾動（並且繼續僱用工人、促進商品生產流通和銷售的金融人員，以及相關的機構和服務供應商），那些巨輪的推手必須對他們的企業再做投資以免失去它，但他們也必須從中獲利，以激勵商業的拚搏和冒險。因此，經濟體系必須擁有足夠現成可用的實體、物質和金融資源來挹注企業發展，並促進各種工商業界的擴張和競爭。為了保證資源能穩定供應，就必須不斷積累全球的盈餘。

雖然一個無生命的系統不可能具有刻意目的，但卻可以有一種內在的動力，這對它邁向的目標而言是有意義的。在資本主義中，積累就是這個目標。資本主義的超額累積被稱為「過剩」，因為全球積累的資本，不能在其生產過程中進行有利可圖的投資，也無法以人們可以使用或享受的任何形式被吸納回歸社會。然而，盈餘總是源自於生產過剩，此外，將其中部分收益作為利潤的前景，激勵了企業家的冒險精神。反過來看，就必須限制人們得以獲取和持有的商品與服務的供應，以刺激他們為這些事物進行過剩的競爭。在利潤或收入方面的盈餘，或是未來某時期期望的利潤或收入，也必須夠高，以便促進人們再投資於更多商品的生產。

在資本主義市場中，一般依循的規則是：人們不以暴力或盜竊為手段，自由地拿物品來交換同等價值的東西。在自由和等價交換的條件下，盈餘只能以一種方式產生：工人奉獻心力生產的商品和服務，其價值高於他們所獲得的薪資。馬克思（Karl Marx）稱之為剝削，因為即使沒有人蓄意對任何人造成任何傷害，即使雇主和他們的雇員一樣快樂或是不滿，工作都不會得到充分的報酬。無論工人的工作層級高低，他們對自己協助生產的商品所做出的貢獻，皆大於他們可以用薪資購買物品的價值。無論他們賺到什麼，哪怕賺得很多，也都會為生產做出更多貢獻，否則沒人願意僱用他們並且支付薪資。

此外，工作收入通常不足以讓工人終止工作（但有些臭名昭彰的例外），否則就沒有足夠的工人來產生經濟盈餘了。儘管如此，工作收入應該為工人及其家庭在食物、住房、醫療、教育和培訓等開銷上提供充分資金（例外情況還是有的），使其達到社會所能認可的水準，否則，經濟體系的勞動力就不足以擔當工作並產生盈餘的任務。資本主義藉著從工作中榨取無須支付報酬的價值而獲得積累，這種積累體現在利潤和收入上，並且以委婉的「成長」一詞掩飾。這給盈餘帶來了積極的進步光環，轉移了大家對人力成本的關注。

獨立生產商之間的競爭改變了整個生產過程，他們減少了有利潤的生產、商品與服務流通的障礙。小企業要麼成長為大企業，要麼就消失不見。企業仰賴複雜的技術以達到節約目的，否則商品定價就會高於行情。國家經濟（不均衡地）融入世界市場以求生存，並且（在較強大經濟體的情況下）從不那麼強大的經濟體中獲利。隨著生產力的提高，使得工人用自己薪資支付的食物、衣服、住房、運輸及其他商品和服務的生產成本更低。如果工人能以更少的金錢購買想要的東西，那雇主和客戶就能以總和價值與相對價值（aggregate and relative value）的角度支付他們更少的錢。工人的工作和服務對經濟順差的貢獻更大，因為他們產生的價值高於僱用成本。因此，資本主義產生了驚人的財富（就算速度緩慢或適當也一樣），而這些財富都會被滾入再投資或集中於最高層的手中。這是一條不規則的軌跡，儘管有些地區或行業的工人，可以透過政治或個人的勝利取得進步和喘息的機會，但是多數工作喪失了價值，而且就業條件變得更加艱難又不穩定。

然而，如果資本主義只能提供榨取盈餘的工作給受其支配的人，那麼很難想像它如何能夠一直保持原樣，更不用說還能進一步強化。工作不可能總是那麼艱難、薪資也不可能總是過低，否則工人在創造了財富、卻有大部分無法自己享用的情況下，就會變得不滿，以至於要不斷奮鬥以掙脫，或以更公正的生產和分配制度來取代資本主義。當然，從歷史上來看，工人經常試圖這樣做。但其他人卻避開了集體鬥爭，不僅是因為他們害怕反擊勢力的威脅，也認為造反會令自己有所損失。當他們之中許多人最終能享用更多自己所創造的社會盈餘時，一個重要因素便進入工人的考慮範圍。

我們很難算清楚每個人對於商品和服務的精確貢獻，因為這些商品和服務的組成部分，是由不同時空的人和機器，分多個階段製造、組合和流通，然後再將這些商品的價值、與代表每個工人購買力的薪資加以比較。通常，我們假定自己的工作因具有競爭性的價值而獲得報酬。如果我們不滿意，可以自由地為自己提供的服務，收取更高的費用或是另謀出路（雖然實際上很少發生，但至少理論上是如此）。當然，我們可能會意識到自己的集體劣勢，因此組織起來以抵抗那些對我們不利的制度。但是，如果按照規則行事就可以得到一些額外的東西（其存在與價值和工作無關，而擁有這些東西可能讓我們相較於那些沒擁有這些東西的人更占上風，還有，失去這些東西會是一種不幸），我們便有足夠的理由對自己的困境視而不見。

馬克思在其巨著《資本論》中寫到階級時，是從結構意義上切入的，亦即生產過程被區分為擁有或不擁有生產所需物質資源而造成的結果。他認為這種區分使資本和勞動力產生了對立：支付勞動力的報酬越少，資本可以積累的盈餘就越多。在這項研究中，馬克思並沒有將勞動和資本、與實際的工人階級和資產階級等同起來。儘管他在工人生活條件和階級政治方面做出重要思考，但是他的方法較具結構性而非歷史性，旨在揭露資本主義制度的含糊邏輯。然而，如果我們採取較具歷史性的觀點，就會看到工人確實被列入與資本家有關的事項，其方式已削弱了馬克思所描述之勞資關係間的結構性對立。不妨這麼說吧，這就是中產階級的真正目的。

儘管具有必須工作才能謀生的脆弱性，儘管工作在創造盈餘上受到剝削，我們仍能擁有一些自己創造的盈餘並盡情享受。提供這種福利的制度，與令我們無法獨立保障生計手段的制度完全相同：私有財產。如果是生活在資本主義的社會中，我們別無選擇，只能在自己身處的條件下工作。這些條件是剝削性質的，因為工作產生了我們無法享用的盈餘。我們不再像古代那樣靠公共土地生活，或是從其他共有資源中獲取基本的必需品，因此，如果想賺錢購買自己需要和想要的東西，唯一途徑便是為報酬低於勞動價值的工作而賣力。

從十七世紀左右開始，共享和共有的資源被沒收，並以私有財產的形式（即只有某些人可以擁有並控制土地和其他資源）被分配出去，而且經常在以暴力執行的過程中遭遇頑強的抵抗。這在歐洲是個漸進的過程，但在世界其他地區的殖民地接管中卻是突如其來的。資本主義的肇端以及其在全球的傳播，與私人財產的暴力引入習習相關。在過去，私人財產制在世人管理資源的辦法中，不是聞所未聞就是居於次要地位，隨著世界各地的資源都以這種方式被分配出去，使得大家別無選擇，只能在土地、原料、工作工具和其他資源的擁有者所提供的任何條件下謀生。

還有另一種看待財產的方式，這種方式是由資本主義的行為者和機構所推行的，建立在指定和保護每個人享有私人財產權的法律機構之上。財產權的範圍擴展到工人及其家庭所渴望擁有的各種東西，例如物質性的（如家庭私有汽車）、非物質性的（如儲蓄帳戶、保險單、養老契約、股票或債券），甚至還包含了大學學位、專業技能、專業證照，或是社會脈絡等通常歸於人力資本項下的東西。

我們很能直觀地了解這些東西對我們如何有利。私有財產所代表的價值與透過工作獲得的價值無關，就人力資本而言，它可以幫助我們獲得更好的工作。我們作為謀生者的命運，可以藉由身為財產擁有者的命運來加以平衡。無論生活在何時發生了重大變動（例如就業機會減少、外界對我們的服務需求下降、健康或家庭問題，或是僅僅因為步入老年，都有可能會失去收入），這些都顯得很重要。當面對困難時，如果我們擁有房屋、儲蓄帳戶、保險單或是大學學位，就可以透過獲得新的收入來減輕損失。或者，我們可以購進房地產、股票或取得專業證書等資產，因為將來市場的發展可能使其比購進或取得時更有價值，而這種資產幫我們賺的錢可能高於工作的報酬。

作為擁有財產或是渴望擁有財產的工作者，我們不會僅僅根據工作性質和薪酬來評估自己在社會中的地位（或是社會將我們置於何種位置），也不會把集體的困境視為我們高度差異命運的重要一環，相反的，私下擁有的所有東西或是有朝一日預計擁有的，才可能引起我們的注意。作為工人，我們可能充分意識到，總體而言，薪資越低，就代表擁有資本的人和機構越能從我們身上榨取更多好處。然而，作為擁有財產的人，我們與資本主義制度的關係就更為複雜了。一般會認為：為了能夠運用個人財產以確保未來，或是藉由獲得新的財產來改善自己的前景，我們必須為國民經濟的穩定和增長而扎深根基。當這種增長與個人私有財富和資產價值的增長有關時尤其如此，即使該增長最終是植基在以犧牲薪資為代價而累積起來的盈餘之上。隨著這種認知的內化，這樣的積累也就獲得我們的支持。

除了學習喜愛資本主義之外，這種觀點的轉變還有更多值得注意的。作為必須工作以維持生計的人，我們越是渴望取得財產，從工作中賺取的報酬以及其他的保護措施就越顯得不可靠。除非能幸運繼承財產，否則就需要付出努力和犧牲才能獲得。如果想賺到足夠的錢以便積攢資產，就必須比原本的情況更努力、更有效率地工作（也許還要比其他人更努力、更有效率），然後將部分收入存進儲蓄帳戶，或是取得大學學位、房產、養老金，這意味著我們不能將所有收入用於購買當下想擁有的東西。即使透過信貸或分期付款方案立即獲得一些財產，這些債務在將來某個時間點終究要償還，最終，仍須更加努力工作並且存更多的錢。我們對財產的熱切追求，即是所謂的「投資」。我們投資更多的時間、精力和資源（超出絕對必要的程度），以便日後有可能取得工作以外的收入。我們認為這是保護自己的一種辦法，可免受可能發生的收入不足所影響，並能讓自己或孩子在未來不必工作得太辛苦。

十九世紀末，「中產階級」這類別在歐洲最發達的經濟體中日益普及，這與各種形式的家庭財產以及獲得財產的手段大幅增加有關。那也是個社會和政治動蕩的年代，危及了資本主義增長中的力量以及其主導地位。為了使積累的過程得以平順，就必須安撫心懷不滿的勞動階層，讓大眾可以獲得因工業規模擴大所產生的一些盈餘。盈餘因而被集中成為資源，使得大量工人能夠以前所未有的方式享受社會階級的流動性，並且在生活資源的層面上受到保護。這種流動性和保護（或者相關承諾），將他們的精力從抗爭轉向投資。心懷不滿的工人可以積累儲金、房產和證券等他們害怕失去的東西，也可以透過獲得廣泛的物資和文化衣飾，以維護自己的優勢並展示成就。

積累的好處在於創造一個溫順與積極的勞動力隊伍，其成員忙於爭取財產以及依賴財產的收入，以至於再也看不到對自己的剝削，再也不會加以抵制。有些理論家觀察到這個趨勢，於是撰文討論中產階級在工作與資本之間所處的矛盾立場[14]。說它矛盾，那是因為它使我們與自己形成對立：作為工作者，無論工作的名聲多好、薪資多高，我們都只是別人用來創造盈餘的工具。然而，無論工作多麼基層、收入多麼微薄，只要擁有或是有望獲得儲金、房屋、汽車、保險單或證券，就能藉由支持資本的累積動力以獲得好處，而這或許可以保護或增加我們擁有之物的價值。反之，只要福祉取決於設法獲得的資源的持續擁有以及保值狀況，我們就會因為抗拒資本的累積動力而失去一些東西。

如果我們具有遠見，目光超越了工作的嚴格限制，看到未來自己的家庭因今日的投資而發達或衰敗，通常就會被歸於值得讚揚的一群。然而，如果無視制度約束（為維持收益而決定財產、工作和收入的價值，甚至自身命運的制度），那我們還是會被歸入同一群。我們被命名為「中產階級」，這個名稱向我們所有人開放，從收入最高的專業人士和經理，到力爭上游的成功企業主和自僱的服務供應商，再到最低階人員和不穩定的實習生。只要能充分利用工作之餘的生活，同時仍可擁有或者將來可能擁有物質和人力資源（其價值可透過投資以維持或增強），都被稱為中產階級。

「中產階級」這名稱，代表了我們對自己所擁有的東西以及自己如何生活的關切，彷彿那些都是個人的選擇和努力的成果似的。它還進一步體現了我們為了未來而做出犧牲的決心，彷彿這個未來僅僅仰賴個人的選擇和努力。

讓這個想法如此引人注目的原因是：只要我們的財產價值沒有太激烈的改變，同時也使我們比財產不如我們多的人過得更好，或者比沒有財產的情況能得到更完善的保護，免遭不幸之事影響，這就是我們的努力得到回報了。因此，我們可以合理地將「為取得財產所付出的辛勞」視為審慎的投資，而非不得已的犧牲或是魯莽的賭博。我們越是認真工作和學習、規劃職涯、為購屋或養老或兒女的教育儲蓄，越是全神貫注於這些努力，就越傾向於將我們的財富歸因於它，認定其重要性高於一切。而且，我們越是因期待更好的事物而延遲滿足，就越不願意將自己的放棄視為外部強加的，或是對個人毫無意義。我們不僅投資，而且還為自己的投資感到驕傲，為自己得以實現投資的舉措而驕傲。

可是等等，如果我們發現自己已經受夠了苦鬥、競爭和投資，該怎麼辦？如果在某個時刻，我們認為資產已經可以讓自己過想過的生活，如今是時候坐下來收穫過去播下的種子，那會怎樣？經濟學家將財產所衍生的收益稱為「租金」（rent），而靠租金生活的人則稱為「收租人」（rentier），他們將租金與工作收入以及企業利潤區分開來。收租人的悠閒之處在於他們可以減少工作、選擇性工作或是根本不必工作，這對我們來說似乎很棒，但對資本主義積累的必要性而言並非如此。私人財產制度可能傷及資本主義，因為它並非鼓勵而是抑制工作和投資。

更有甚者，由於每個生產週期產生的盈餘有限，從潛在獲利能力的角度來看，扣除有薪家庭可以簡單持有以應付不時之需的現金儲蓄或資產，這些盈餘在全球家庭的分布分量是非常單薄的。回想一下，從經濟盈餘中獲得利潤的指望，能鼓勵生產的獨立組織者、促進者和金融家開拓進取並且甘冒風險。當廣泛人口都具有以私人儲蓄、汽車、房產、社會保障、學位等形式回收部分盈餘的政治權力時，可能會對盈利能力和增長造成太大的拖累——即使他們當中大多數人仍然為謀生而工作。由於家庭財產已經變得司空見慣，經濟學家一直在討論這樣的危險，並且跌跌撞撞地試圖找出如通貨膨脹和徵稅等解決方案。但是，在房地產擁有比率提高、家庭資產與儲蓄增加到前所未見的階段後，最具危害性的解決方案，已經在過去幾十年中形成。

在二十世紀八〇年代和九〇年代，國家和區域市場已經放鬆管制，並融入了全球金融市場，從而方便了資本的流動，並為世界各地的政府和企業提供信貸。資本有助於激發競爭，並使積累更加順暢靈活。資本不僅注入有利可圖的企業中，同時克服了社會和地理障礙，也從表現不佳的企業中撤出（無論其對國民經濟和地區人口的重要性有多高）。新穎的金融工具可以將不同類型投資的相關風險（例如貨幣價值或利率的變化）加以集中、細分、訂價並作為進一步的投資產品出售。因此，貿易和企業的數量、全球投資資本的總量額皆呈指數級增長，同時創造新的風險和獲利機會。面對激烈競爭和股東增加其持股價值的壓力，經濟行為者開始依賴融資以求生存和繁榮。由於經濟活動和競爭的增強，加劇了全球金融市場在提供信貸、債券和股票方面，以及在引導投資和管理風險上的壓力，這樣的依賴是把雙面刃。

渴望獲利的全球金融機構一直在尋找新的投資機會，包括之前透過稅收和社會保險途徑由公有資金提供贊助的商品和服務，或是透過私人的工作收入和銀行存款儲蓄。工業資本主義已經讓位給金融資本主義，標誌著全球金融在公共和私人融資措施中的主導地位以及制定經濟成長的條件。對於投資者而言，風險評估以及價格訊號（pricing signal）都是潛在損益的途徑。通過這種訂價策略，金融可以規範經濟、政治和社會生活的各個方面，巧妙地進入制度的運作模式、提供服務的基礎設施，以及國家經濟與企業為了維持生存而必須權衡的選擇之中。

用來形容金融在經濟和社會中占主導地位的學術術語是「金融化」（financialization）。

在發達的經濟體中，金融化與新自由主義標籤下的其他經濟趨勢相互呼應，主要是國家不願意集中風險，也不願意透過徵稅和社會保險的措施，由公家出手穩定薪資並供應商品和服務。第二次世界大戰後，在每一個發達經濟體中零星分布的安全網，都有不同程度的衰退。薪資成長的速度跟不上物價上漲，而隨著就業保護的取消以及隸屬於工會之勞動力的削弱，工作變得更不穩定。一方面因為公共產品和服務減少，另一方面是工作收入的停滯與不可靠，讓工人和公民迫切需要設法掌握任何可得的資源，來應對日益加重的不安全感。

如今進入金融全球化的時代了。透過信用卡、分期付款計畫、抵押貸款、學生貸款和其他長期貸款，外加儲蓄、保險和養老金的財務管理，金融機構一心急於滿足被培養出來的大眾需求。因此，在家庭經濟中，金融服務和金融工具的重要性日益增加，應運而生的必要性則是：身陷金融網絡中的所有人都須具備財務知識，一方面看出投資機會並具洞察力，能精明地運用金融工具，另一方面承擔風險並對其投資或是沒能投資的結果負責。這個責任通常包括自行減少開支以求家庭預算的平衡，並確保資金的流入和流出得以持續。

為了方便資金持續流通，銀行、保險公司和養老基金等投資機構，便透過提供及管理抵押貸款、養老金和其他長期儲蓄產品、保險單和消費者信貸，介入了家戶和全球金融之間。他們將這些產品所組織起來的付款和還款綁在一起，然後加以批量訂價，再出售給市場的其他參與者。因此，家庭資產所代表的價值又流回了市場，成為更多投資的信貸。由於這種資產的價值與金融市場的潮起潮落密切相關，因此本身也就處於不穩定狀態。我們需要考慮的是，所有那些房屋的價格最終只能在三十年的抵押貸款還款後才會確定，而其還款的多寡又隨著利率和貨幣的價值而變化，並且與房屋的最終市場價值無關。

我們另外還需要考慮到退休年金的問題，這些年金是由幾十年間將儲蓄投資於可能波動的股票和債券來決定其多寡。最後考慮到文憑：其價值是根據多年的學生貸款還款金額計算的，同時還要拿到詭譎多變的就業市場上進行驗證。財產的危險，在於提供過多的安全保障或從經濟剩餘中拿走太多，而且這種危險又因價值不穩定的資產大量增加而深化，這對高收入者和低收入者而言都是一樣的。這種資產需要積極充分的投資，但其提供的回報卻是不穩定的。除了最富裕的擁有者，所有人都無法夢想最終能滿足於自己所成功堆砌起來的資產。相反的，更多人被所有權的前景所吸引，卻發現為了享受其利益，他們必須不懈怠地繼續投資下去。

從我們的角度來看，金融理財可以幫助我們購買工作收入所無法負擔的東西。要是我們理解到家庭債務和低收入是一體兩面的事，上述的事聽起來是很糟的。我們越是習慣使用信用卡、抵押契約和分期付款方案購買物品（當那些東西貴到我們無法負擔時，必然會發生這種情況），我們的雇主便可以少付薪資。這樣一來，金融化便成為加劇我們被剝削的原因。另一個原因是，身為依賴房屋和養老金等資產（在講究速度和靈活性的投資環境中，它們相對較僵化且不具多樣性）的投資者，我們是處於不利地位的。第三個原因是，產業、公司和服務部門之間的競爭加劇，其中許多人被迫採取減產和裁員等措施，並且從他們繼續僱用的員工中榨取更多價值，以便能夠承受這種競爭並保證不被淘汰。最後一點是，剝削行為變得如此抽象（雇員和資本家同樣承受由非個人化之市場所強加的壓力，由於必須為身分不明的眾多股東提供利潤，這種壓力也就合情合理），我們甚至不能怪罪雇主付的薪資太少了。[15]

雪上加霜的是，金融化使我們的投資成為被剝削的對象。銀行和其他金融市場玩家，將我們的繳款和債務還款金流綁在一起，並重新包裝成投資產品出售給法人實體和機構投資者（institutional investor）。這些投資者非常樂意為未來的收益來源支付費用，他們希望能產生比購買價格更高的價值。這些金融產品的價格，是根據未來還款可能中斷或不足的風險評估來計算的：風險越高，產品越便宜。各種金融投資者藉由在多元化投資組合中匯集許多不相關的金融產品，來保護自己免於這種風險。這種多元化的投資組合，本身的訂價方式已把可能減緩或終止其綜合收益來源的事件考慮進去了（諸如政治動盪、社會暴亂或是債務人無力償還貸款等等），因此，組合式投資產品的訂價方式向政府和企業傳遞了一個訊息：他們最好能控制公民、工人和債務人，以避免撤資和損失。

無論我們是否意識到這一點，都會透過養老金和其他長期儲蓄方案不斷購買這些產品。機構投資者為我們選擇這些產品，以確保我們對養老金成效的要求，或是讓我們的儲蓄計畫和其他資產的價值最大化，同時也讓他們賺取利潤。為了存錢支付住房、高等教育或是為老年提供生活資源，我們所依賴的，都是不惜以任何社會代價支持盈餘積累的工具。藉由謹慎、認真地為家庭的福祉投資，我們同時也投資於一個透過管理工作和資源來控制我們的制度，而這種方式卻削弱了我們作為工作者和公民的權力。這令一些批評金融化的人，將其視為具有「同類相食」的特徵，將每個人剝削其他所有的人視為普遍現象。[16]

正如個人錢財的價值不能脫離資本的流通一樣，我們也無法評估在積累過程中的確切作用。工作價值降低和不安全感的加劇，讓我們很少能回溯自己與資本的不利接觸，特別是當資產已被混合在一起的時候。在日常經歷中最令人驚訝的是，我們能夠輕鬆獲得金融理財服務。想想那些堵塞信箱的信用卡申請廣告、主動前來詢問是否需要貸款、儲蓄被拿去用於可能抵抗通貨膨脹的投資上，以及吸引我們現在購入可以日後慢慢還款的昂貴商品。感覺上我們好像被解放了，並且被賦予了收入者、儲蓄者、所有者和投資者的權力。我們當中有投資能力的人，使用金融工具來購買房屋、養老金和大學學位等預防性及抱負性資產。在可行的範圍內，我們承擔了自己作為借款人、儲蓄戶和家庭成員所必需的長期規劃，一旦完成這所有的一切，我們便可忽略工作條件和公民身分，同時採取這些資產所代表的觀點。我們認為自己是透過自食其力的投資、謹慎的儲蓄、個人責任和長期策略來掌控自己的生活。我們將自己視為中產階級。

我們在一系列投資機會中毫無規律的舉措，將自身更進一步地推入這種追逐。當報酬看來似乎隨時可得、但也難以獲致時，我們就會竭盡全力加以追求，就算失敗了，也會再接再厲，不會因此沮喪。信貸對我們與財產和投資的關係產生了影響：我們隨時將自己夢想獲得的東西置於首要位置，同時迫使自己更努力工作，以便拿出更多錢來購買並且保有它們。信貸還激勵我們，當自己購買的產品變得不具原先期望的價值時，依然繼續工作並且達成目標。當我們繼續付出並犧牲自我利益時，資本也不斷在背後積累，而我們只能咬緊牙根苦幹下去；這就是我們認定自己是中產階級，並受其激勵才去做的事。

在金融理財潮流進入亞洲、非洲和拉丁美洲所謂「新興」或「發展中」經濟體的過程中，中產階級意義上的「一切操之在我」就更加明顯了。從開放國際貿易、國際投資以及大量充斥商品與金融工具的角度來看，這些經濟體一直在實行自由化。過去幾十年，這些地方的大多數人口，經常在擁有極少私人財產的情況下簡樸或窮困地過活。突然之間，他們當中有許多人可以拿到貸款去購買過去遙不可及的東西，這使得這些地方的醫療保健、教育、住房和交通費用一路飆升。使用這些有效率服務的人，大多背上了龐大的債務負擔。他們必須想好策略、管理風險、加倍工作並尋求新的收入來源，以償還這筆債務，然而在大多數情況下，他們沒有充分的配套和保護措施。新興經濟體的新投資者（現在被稱為崛起的全球中產階級）的未來，已經交付在他們的手心裡，但是他們很快就發現這些交付給他們的韁繩，竟與自己金融化財產的經濟、社會和情感的代價糾纏在一起。

結果證明，世上某地方的人所說的「陷入財務困境的中產階級」，和世上另一地方所說的「崛起的中產階級」，其實兩者之間並無矛盾。全球金融市場現在透過擺弄富裕國家的資產價值，以及在貧窮國家投資新的資產而成長。那些已經積累幾十年私有財產、公共資源和人力資本的人，突然發現這些優勢和保護措施的價格高漲、或是其價值變得不可靠，他們於是感到荷包緊縮的壓力。另一方面，一個可以提供人們融資手段的財產天地，突然向先前幾乎不曾擁有任何財產的人開放，這些人被貼上「抱負型投資者」（aspirational investor）的全新標籤。「中產階級」這個名稱具有相當的延展性，足以將這些新進者納入——即使這個類別原本是以更奢華的生活為通則。

經濟學家布朗科．米拉諾維奇（Branko Milanovic）將他們分別稱為全球金融的輸家和贏家，並且擔心不斷增長之全球收益分配不平等的現象。[17] 雖說分配的不平等已然可觀，但是，更驚心動魄的增長並非呈現在任何人的收入上，而是呈現在盈餘上。盈餘只能暫時使那些有能力以租金或利潤的形式、將其部分據為己有的人受益，同時使自己和其他須工作謀生的人遭到剝削，並承受伴隨而來的禍害。

作為中產階級，意味著成為優秀的戰士並且放眼大局。最有可能這樣做的人，是有能力獲得某些財產的工作者，在他們所生活的社會中，這些財產讓他們的生活得以改變。隨著中產階級意識形態的流行，他們投入比原本所需還多的時間、工作或資源，而且由於放眼未來，這種投入也比立即可獲得的回報更多。既然這種態度對於積累而言如此有用，那麼在工作和地位上依賴資本主義制度的人，便在悲嘆中產階級的壓力之餘，尋求重新激勵那些長期投資者（在不穩定和無獲利的投資負擔下苦苦掙扎的人）的方法。他們還津津樂道全球中產階級崛起的現象，強調自己代表了金融資本主義主導下、千百萬自願投資者的意見，卻不反映不幸受害者的心聲。

金融化為資本主義的積累造就所有的優勢，也暴露了一些積累所造成的缺陷。請回想一下，自我實現的社會流動形象，是根據「投資」概念而來：我們現在所犧牲的財產，將為未來提供可依靠的回報。這就是為什麼當我們將部分收入用於儲蓄或是分期付款，以購買持久性商品而不是全部用於消費性商品時，我們會認為自己並不是愚蠢的投機者，而是謹慎且負責任的工作者、公民和家庭成員。

人類學家大衛．格雷伯（David Graeber）曾經寫道：「身為中產階級，意味著認定社會的基本制度為我們的利益而存在，只要遵守遊戲規則就可預測結果，而且我們假設的規則都會保持不變，因此甚至可以為下一代擘劃未來。」[18]這個說法真的掌握了投資的精神。但是他並沒有看出，當我們被債務拖累時，就會導致這種感覺開始動搖。債務本身倒不是問題，無可否認，債務會令人十分憂慮，但為了避免陷入困境（或是想努力向上），我們依然會繼續貸款。信用貸款是許多工作者能獲得較佳未來的唯一方法。來自明顯較低社會階層的人，會傾向認定自己屬於中產階級，這正好反映了這種意識形態面對艱苦和掙扎時的堅韌特質，而且這種特質通常直接透過預防性和抱負性負債加以強化。這就是資本主義本身，而不是其所運用的金融工具（如信貸和債務），這使我們注定陷入掙扎之中。只要我們繼續被剝削、困在競爭裡、變成自己無法控制之力量的犧牲品，這種情況就不可能改變。

我們可能覺醒，且其真正的轉折點來自於負債財產的價值變得過於難以預測，以致無法讓當初投資所預示的前景顯得可信，但這並不表示我們不再鍾情於中產階級這個概念，或是不再傾向投資與之相關的資產和人力資本。要是我們認真觀察，即可看清這種情況加劇的困境。任何意識形態都不是無懈可擊的：它需要一定的物質和社會條件使其具有說服力。一種重度依賴投資理念的意識形態，需要投資才能維持其魅力。

可用的家庭資產越來越多，資本主義就越能將世人的身分定位為投資者而非工作者。金融化的財產獲取方式，則激勵全世界越來越多人以這種方式達成自我認同。在發達經濟體中，社會的政策和控管在二戰後的幾十年內，成功地為投資的公民提供了預期回報。只要工作者的投資以預期的方式得到回報，他們便可以自我肯定，如此一來，這種投資便把工作者的注意力從那悄悄貶損人的工作引開（儘管這項工作仍然是他們為日常生活賺取收入的主要手段）。

隨著金融化重塑了全球社會，事情開始發生變化。危及家庭資產負債表的風險和投資報酬的不規則性，形成了我們看得見的裂縫，而透過這個裂縫，我們事與願違地目睹了遊戲本身是被操縱的事實。經濟體系實際上與其自身的主張相反，並非由自我推進且互惠互利的抉擇和努力所構成，而是我們必須提供比自己所得的、更多的東西來滿足積累的必要性。「現在我們為了安全和福祉必須竭盡全力，以及這些努力可能導致的結果」，從這個角度來看，我們可以回顧過去並發現自己一直都是被操弄的。

自從資本主義誕生以來，我們的努力和投資就被動員和利用，以便積累盈餘，唯一的區別是，如今撒落在我們這邊的麵包屑更加細碎、更加時有時無。這種差異可能會讓我們看清一個事實：儘管「中產階級性」造就了一切關於「自我提升」的漂亮話，但我們不僅現在不是中產階級，甚至從來都不是。

第二章

財產的低調魅力

最近的金融危機已經清楚說明了一件事：財產不值得信任。數百萬人儘管向來遵守規則，這時卻因次貸危機被迫放棄房產，其他人則失去了據稱安全的退休計畫方案及長期的儲蓄和投資，還有一些人承擔了大筆的學貸負擔，而他們取得的文憑在就業市場上卻無用武之地。讀者也許認為，經過這樣一場劇變之後，我們都會變得謹慎，不會將辛苦掙來的錢投入像賭博那樣不穩當的地方。然而事實並非如此，房地產市場正在蓬勃發展。許多人繼續過度投入資源，有時還包括他們父母和其他贊助人的資源。他們承擔長期債務的所有風險和義務，只為了獲得價值可疑的資產。

在路易斯・布紐爾（Luis Buñuel）一九七二年的超現實主義電影《中產階級拘謹的魅力》（*The Discreet Charm of the Bourgeoisie*）中，人物嘗試享用大餐，卻一次又一次地無法遂願，但他們仍堅持不懈地努力，最後，他們被困在一條哪裡也去不了的荒涼道路，只能裝出自信的樣子繼續前行。我們何嘗不是這樣呢？儘管中產階級的追求造成了沮喪，我們依然頑強堅持下去。我們對財產的堅毅態度幾乎是身不由己的，獲取財產似乎是追求安全感，或者至少是追求富裕的一個必要步驟，讓我們把目光放得更高。我們把它定位為一種投資，就算不一定是最好的，甚至不一定是好的也一樣。作為一項投資，財產代表了負責任和具前瞻性成年人的穩重特質，部分是為了抗衡來自工作、政府或親屬的支持不足，或者事與願違時的手段。如果不是投資在房產、養老金、保險單、儲蓄帳戶、金融資產、學位或專業證照，我們還要投資什麼呢？

我們對財產那種神經質的追求是件奧妙的事。本章將深入解讀這件事，以便顯示它反映中產階級固有矛盾的方式。我的論點是：財產的吸引力促使我們以更好的方式投入更多，正如自由主義思想的主流傾向設想的那樣。我們投資房地產，為的是追求它在競爭環境中所代表的安全性，因為在那當中，所有權可以產生人際優勢。不過，透過財產這一載體，我們的資金流向了市場，該市場的擴展，對於可能有助於我們真正實現所尋求的安全感而言，會破壞其存在的條件。金融化財產的不可靠價值，迫使我們繼續投資以支撐它，然而，根據一些社會和政治安排（能夠管控和追求財產價值），財產投資是以不同方式進行的。關於這點，我將在本章後面詳細說明。

首先，先來看一個案例研究。一段時間以來，我一直想知道為何對價值不可靠之財產的投資會占有優勢，花了好些時間才找到一種探究的民族誌方法。問題在於，在一般情況下，我們於整個生命週期中都在積累財產，有時投資學位、證照，有時購買房產、拿出部分薪資支付養老金、儲蓄計畫和保險單，從來不曾回頭評估我們增值的財產及其總價值。這就對那個以我們的投資為養料的積累過程有利了：當我們無法明確知道自己獲得或失去什麼時，更有可能投資尋常的東西。但這條規則有一個例外：離婚。當兩人離婚時，他們必須分割夫妻財產，其中包括房屋或保險單等不可分割的財產。這種分割發生在離婚所帶來之財務挫折的痛楚中，這時當事人的財物價值似乎顯得特別關鍵。我著手研究以色列的離婚情形，以便深入了解財產對其擁有者的意義。

財產體現投資的概念，是十七世紀自由主義持久的一項遺緒，因為它在今天的離婚法律中依舊存在，不管是在以色列或是大多數的自由民主國家都一樣。經濟自由主義的主導思想是：人們如果認為投資可以立即獲得回報，那麼就可能投入更多資金。從這個角度來看，他們所投資的財產形式是什麼，或是它對擁有財產的人而言意味著什麼，都沒有任何區別。私有財產只是激勵社會所有成員為將來回報的前景付出努力的誘因，從而造就促進經濟增長的生產力。這也支持另一種自由主義思想，認為經濟增長的成果應該由投入努力的人所享用，而且享用的程度和投入的多寡成正比。這些因素交織在一起形成了一個共同信念：私有財產作為社會資源的組織原則，能使我們全體富裕起來。

現代的離婚法律即是在這種信念的陰影下運作的，因為它將家庭財產定位為婚姻投資的成果，並通過其分割來終止婚姻。法律程序旨在實現婚姻財產的平等分割，即使處理的對象在本質上是不可分割的東西，或者正式擁有它的人只是單方配偶。這被認為反映了離婚雙方在家庭中不同但平等的投資，例如當丈夫是養家活口的一方，而另一位是家庭主婦時。

我訪談過的離婚者，大多數嘗試在法庭之外解決離婚問題。分割財產的法律命令雖然可以作為一個參考標準，但是在一般情況下，他們會想出原創性的方法，將財產進行不均等的分割或是保持其完整性。當我詢問他們各自在婚姻財產上的投資時，大多數人都對這個問法不屑一顧，因為他們尋求的是讓雙方都能重新站起來，並繼續過各自生活的解決方案。

有一位女性正要結束長達十三年的婚姻。在婚姻期間，她暫時中止自己治療師的職業生涯，以便撫養孩子，這使得她的收入驟減。她丈夫是人文學科的博士生和兼職翻譯，所以收入也高不到哪裡去。他們在婚姻生活期間只能勉強維持生計，而離婚更將他們推向了拮据的困境。先前女方的父母幫忙支付了房子的頭期款，後來的分期付款則要他們自行負擔，因此他們仍在支付房貸。他們任何一方都沒有能力買斷對方的持份，或是單獨支付抵押貸款，所以他們賣掉了房子，並將大部分的錢給女方買下一間較小的公寓。如果他們將錢均分為二等分，那麼誰也沒有足夠的錢再買間新房子（日後他們想為孩子留下的房子）。他們雙方也達成協議，男方支付的子女撫養費會比法律規定的少，不過已經是他在攻讀博士學位期間能夠負擔的最大限度，他承諾在獲得大學教職之後增加贍養金額。然而在他開始付款的時候，偏偏與他合作的出版社倒閉了，當他尋找新的兼職工作時，女方的父母則同意承擔起小孩的撫養費用。

許多人對財產抱持的態度是不一致的，上述只是我見識到諸多案例中的一個。還有其他例子，如一對共同支付分期貸款以保留第二間房子的夫婦，用其收益來支付丈夫搬出去後的租屋開銷；有位女士為了保有原先的房子而放棄她在前夫股票中的持份；有位男士承擔全部的婚姻債務，以換取擁有自己全部的退休儲蓄；一位女士藉由扣除前夫應負擔每月子女撫養費金額的方式，買下她前夫對房子的一半持份；還有一對夫妻把房子改登記在孩子們的名下。也有一些離婚的人削減開支，或是放棄較有前途的職業，以獲得更有保障的工作；也有人從父母那裡取得資金、居所或是托兒協助，更有人善用社會福利保障，盡力爭取撫養兒童的補助。財產不是他們主要依恃的東西，他們也沒有參考過去的投資或未來價值來評估它。他們對所有權的關注，遠不如設想如何利用它來穩定家庭的經濟狀況，只有在窘迫的困境中，財產才顯露出其真實的意義。

在我的研究中，被凸顯出來的不是對財產性質、價值或是合宜分割的關切，其著眼點反而是研究所謂全球中產階級的人類學家所稱之「渴望獲得安全的保障」。[19]

雖說離婚是件不幸的事，但是不容否認，這種渴望往往是藉由私有財產作為載體來表達的。前一章探討了中產階級和財產之間的密切關係，這是一種歷史的「親和性」（affinity）：「中產階級」這個名稱，是隨著家庭可購入相對昂貴和持久財產的普及而受到關注。所謂的親和性也是概念性的，這兩種概念都是從「物質財富是個人投資結果」的觀點出發。在那些為了未來目標而投入部分收入或借入資源，而不是全部花用於當前欲望上的工作者中，中產階級的認同最為可靠。財產是一種引導這些投資、並且承諾儲存其未來價值的載體。我在上文也提過，資本主義將一些經濟累積的盈餘，轉移到能吸引工作者注意力的資產上（他們同時也是財產擁有者），是多麼有用的事。這會分散他們對於自己被集體剝削之事實的注意力，同時鼓勵他們更加賣力地工作、尋求信貸並將自己的收入重新投入流通。

財產的影響是相當真實的，因為它通常透過為業主提供人際關係和暫時優勢的方式來實現投資潛力。相較於沒有財產的人和不曾進行投資的人，那些擁有財產的人基本上過著更好的物質生活。然而，情況並非總是如此，因為財產價值的升貶普遍存在，而我們也不斷面臨意料之外的成本和補充費用。即使財產的優勢屬實，那也只是與其他人的財產價值相較之下的情形，因此財產具有臨時性和脆弱性。最重要的是，對於那些沒有大量財產的人來說，財產很少提供其所預示的安全或是富裕。因此，將財產視為安全感的代名詞，不過是一種意識形態。就像「中產階級」這個意識形態一樣，它所觸發的行動不一定能達到預設的目標。

最近一項針對美國二百三十五戶家庭財務狀況所進行的分析報告，清楚地說明了這一點。[20]在研究進行的當年，這些家庭在收入和支出方面，都經歷了意料之外突然飆升或陡降的不穩定情況，這種波動凸顯了財產讓他們安然度過不穩定階段的重要性。然而，他們擁有的或是設法擁有的財產雖然降低了風險，卻也同時加劇了困境。在這方面，強森夫婦是典型的例子（根據收入水準以及資產，分析師將其定義為中產階級家庭）。丈夫和妻子都需工作以賺取穩定收入，但他們的開銷卻難以預估。這些費用包括必須支付的汽車與房屋維修費、大筆醫療保健費，以及為孩子們準備聖誕節和生日禮物的開銷。他們沒有做好預算分配，優先處理必須即時支付的短期帳單，而是將注意力放在有助於提高社會階層、與資產息息相關的投資上。強森太太在大學註冊，希望學位能幫助她爭取更高薪的工作。她開玩笑道，自己並不十分清楚能否達成該目標，而且等她畢業時已超過四十歲，下半輩子都要努力償還助學貸款。她和丈夫也買了房子，希望能成為未來的保障，但是目前房貸還款已是一個沉重的負擔，而省不了的維修成本則一直在啃食他們的預算。此外，房子也無增值的跡象。強森夫婦一直處於壓力和焦慮中。

財產投資的源起，與中產階級的源起是相互吻合的。工業革命後，歐洲部分地區的經濟快速增長，使得一系列新的專業、服務和管理職位興起，且其收入高於當時農業或工廠工作。新的賺錢機會也隨之出現，受資本主義影響最大的人口，由此擴大了物質生活多樣性及社會等級。但是，有了更多的職業類別和物質財富，並不代表開始從事不同工作或賺更多錢的人，在社會中會扮演不同角色或是獲得不同地位。

歷史學家德羅爾．瓦爾曼（Dror Wahrman）曾主張，儘管十九世紀英國的社會和經濟具有多樣性，但卻沒有出現能夠被冠以「中產階級」稱呼的新興社會群體。[21]然而，這並不妨礙政治家將其作為修辭手段而時時提起。為了宣傳自己的政見，他們宣稱中產階級是實現他們所提出的政治和經濟改革中的關鍵角色，也是最有可能從政策的實施中獲得好處的階級。如果將促進福祉的責任轉移到公民自身的投資上，並勾勒出這些投資將取得美好成果的遠景，即可獲得政治共識。

推出「中產階級」此一名稱的主要優點在於方便積累，讓工作者養成具抱負、勤奮進取的態度，為積累做出貢獻。在艾瑞克・霍布斯邦（Eric Hobsbawm）那本有關現代資本主義的興起和鞏固的權威歷史著作中，他再三強調：當年那些尋求提升自身社會階級的人，其自我改進的方式與財產性質的變化密不可分[22]。貴族地主和莊園的所有者高居舊傳統階級的頂端，到了十九世紀，莊園漸漸易主（儘管只有部分如此，而且速度快慢不一），成為先前沒有土地和資本的人的私有財產。資本主義擴張前的經濟停滯，乃因繼承的特權和源自遺產的財富而僵化，如今被更具活力的社會所取代。社會階層流動的可能性，為人們更加辛勤工作和投資於所有權的行為創造了誘因。

歷史學家莫里斯（R. J. Morris）進一步強化了社會階層流動的論點。他在寫到十九世紀英國的情況時，將這種流動描述為一種財產的策略[23]。越來越多人進行擔保貸款（collateralized loan）以購買房屋、政府債券和合資公司的股份。他們最大化地利用抵押和信貸並收取租金，如果失去收益，也可以清算自己的資產以彌補虧損。他們獲得財產的階段，也標誌著其家庭的生命週期。他們通常會靠貸款來購得資產，並資助自己的兒子進入一門有利可圖的事業，再利用自己的房地產來收取租金。這就促成了重視節儉和儲蓄的價值觀，在當時越來越受歡迎。然而悠閒的生活仍然難以實現，畢竟業主所獲得的收益也是以焦慮和缺乏安全感為代價換取的，但是他們仍熱衷於獲得財產的所有權，因為覺得自己晚年時的慰藉完全仰賴於它。

研究整個世界如何作為單一經濟體系而運作的學者們指出，像十九世紀英國那樣的核心國家，如果沒有其他受其統治之國家，亦即所謂外圍國家的貢獻，是不可能持續累積財富和增加資產的。從殖民時代開始，這些外圍地區以各種方式被利用，為核心國家提供食品和工業生產的原料，為其工業提供廉價的勞動力，吸收全球生產過程的環境破壞，並且被動接受來自核心國家的消費品，同時依據其訂定的規則向其借貸資金。藉由這個過程，核心國家中私有財產現象的擴散方有可能出現。

如今，世界上有些地區的一大部分人口可被認定為中產階級，而在另外一些地區，只有極少數人可以達到類似的區分標準，這都源於全球勞動力和資本分配不均的現象。世界體系的理論家伊曼紐爾·沃勒斯坦（Immanuel Wallerstein）解釋道，隨著資本主義的生產盈餘遍布全球，在物質資源的國際交換中擁有較大勢力的核心國家便會出手干預，使其流向自己的公民。[24]

然而，即使在核心國家，私有財產也不全是那麼正面。在資本主義的早期年代，它對經濟增長的重要性來自於充當財富繼承，以及替代了與生俱來的權利。私有財產鼓勵越來越多人為自己的未來而工作和投資，其勤勞和節儉的價值觀代表了與不勞而獲、收取租金和經濟停滯相反的特質。但是，對於追求所有權的人來說，犧牲一些消費並付出額外的努力，只是為了將來有一天能夠停止工作、不再需要大量投資，或者幫助自己的孩子達成此一目標。人們希望資產能夠穩定，而不是拿來再投資，他們希望利用自己的財產來收取有助於自己過上舒適生活的租金。企業和私人資產積累的共同目標在於良好的家庭生活，而不是利潤的最大化。[25]

家庭財產投資的普及化，可以歸功於像十九世紀經濟學家阿爾弗雷德·馬歇爾（Alfred Marshall）等推崇這種價值觀的有力喉舌。他主張國家為了共同福祉，應保護人民擁有財產的權利，同時也捍衛這種權利、反抗國家對這些權利的侵犯。他反映出早期資本主義推動者的樂觀態度，理所當然地認為，積累行為與人們藉由儲蓄和投資獲得財產，一般是相互依存、有所關聯的。[26]個人投資與經濟增長的交融滲入了後來幾代人的觀念中，亦即所有權和積極的創業精神乃是成長的雙重動力。然而，越來越多人注意到，那些忠於風險、機會和自由競爭之市場友善理念的企業家，一旦發展到足以保護自己的投資時，就會搖身一變成為顛覆市場的壟斷者，以防止新一輪的有志者闖入。[27]

沃勒斯坦在他對「中產階級」這個名稱不一致性的反思中，試圖克服其中的矛盾。[28]他追溯到一個不足憑信的故事，也就是資產階級的興起，推翻了先前正式統治的貴族階層、擴大貨幣交易領域，並且造就現代世界的奇蹟。他認為這個故事講述了一個從封建主義看重租金收益，到工業追求利潤的歷史演變。實際上，這樣的時間進程通常很短暫，且經常是反其道而行的。每個資本家都試圖將利潤轉化為租金，因為這種收益通常高於真正的競爭市場所帶來的利潤。資本主義從來沒有經歷過自由企業廣泛流行的階段，因為資本家從結構上而言，被導向了追求最大利潤的道路，因此，他們一直在所有權方面尋找壟斷地位和優勢。他們在尋找這種地位及優勢時取得的成功，以及隨後他們特權的積澱（沃勒斯坦提供的例子，一路從德國作家托馬斯・曼〔Thomas Mann〕筆下布登勃洛克〔Buddenbrooks〕家族的興衰史，到十九世紀埃及的貴族化），在文學和政治理論中都被認為闡明了資產階級的背叛：它拒絕承擔資本主義賦予之有魄力的企業精神角色。

然而，資本主義已體現在中產階級這孜孜不倦之自我改進者的意識形態形象中。沃勒斯坦解釋道，無論造出的名稱是什麼，它都會再度出現在對現代世界的每一種詮釋裡，因為你很難講述一個沒有主角的故事。藉著強調大量出現的進取型行動者，人們便可以更容易地將資本主義作為漸進式成長和發展的願景推銷出去，而這些行動者正是這種成長和發展的典型代表。但是，典型的中產階級行動者的進取心，卻和同一個行動者追求租金收入的願望背道而馳。這兩種衝動同樣是資本主義所特有的，而這個系統僅提供行動者自我改善的臨時機會。因為積累的動力最終會破壞這些行動者的目標，那些處於權力地位的人難免會反對它。我想利用本章的其餘篇幅，從概念上和民族學的角度來理解這個矛盾，首先我會解讀法蘭克．奈特（Frank Knight）著作字裡行間的涵義，然後再討論西方和其他地方所觸及的財產策略。

目前，經濟學家法蘭克．奈特的《風險、不確定性與利潤》（*Risk, Uncertainty and*

Profit）作為早期為風險承擔辯護的著作，正逐漸再度受到重視。[29]奈特呼應主流的經濟理論，認為經濟反映了眾多利益追求者之間的互動（這些人擁有物質資產、金錢或僅只是工作能力）。為了最大化地發揮這些資源的價值，他們傾向依附於自己能做出最大、最有價值貢獻的社會或專業團體。反過來看，這些團體則藉著向有前途的成員提供競爭的保障，以求取得優勢。在這框架之中，每個人都可根據自己的貢獻獲得回報，因此就有做出最大貢獻的動機。

奈特將這個制度的活力，歸因於困擾其行動者的不確定性。資源的買賣價格是對生產力的一種估計，當生產啟動時，供應和需求等條件就會以確認或擾亂初始預期的方式發生變化。由於未來不可知，生產成本最終會與商品銷售價格不同，而這樣的不確定性，使企業家有機會從他們為工作和資源支付的金額，與產品最終銷售金額之間的差額中獲利。這些雇主以及為企業提供資金的金融家，定期對未來利潤進行估算，並且據此進行相應的投資。奈特有力地闡明了所有權和不確定性的經濟價值：獲取及擁有資產的可能性，鼓勵每個人無視風險、放手投資。未來的不確定性激勵著一群又一群的冒險企業家[30]，如果沒有這個不確定性，企業就會陷入停滯。

奈特還體認到，人們想出了如何盡量減少可能導致自己受害之不確定性的方法。他們的努力也有統計和模擬方法加以補強，這些方法指引了許多可評估之商業冒險的整合，這種均衡可以抵消企業可能出現的失敗和缺陷。生產者將一些風險轉嫁給投資者來避免損失，投資者藉由發行股份來分配風險，而專業投機者則採多元化原則並多次下注以彌補失誤。這些努力，表現出廣泛實行的風險規避。人們可能會冒一些風險，此舉是為了將來有一天能擁有他們共同創造之財富的一部分，一旦財富累積起來，他們也不急於鬆手。因此，從經濟積累的角度來看，他們的成功在於取走社會一部分的盈餘，並囤積起來作為個人用途，而不是將資源重新投入流通。

奈特認為，在這種情況下，除非經濟體系的貢獻者回報是短暫的，否則該體系就不會有效率。當回報只是暫時，人們才能活力滿滿、再度迅速投資於生產過程，將資金重新投入流通，並讓自己重新儲存能量後繼續工作。因此，他質疑私有權是否真是社會回報其成員投資的最有效方式。另外，他也質疑允許個人單獨承擔風險是否為明智之舉，甚至認同「在體面、自尊的生活基本面受到威脅的情況下」，限制自由擁有資產與自由承擔風險之權利的想法。31

奈特考慮的所謂「危及體面生活」的所有權，其特徵在於它形塑了人們對安全的追求。在可能的範圍內，那些握有財產的人都會設法保有它。對於那些仍然相信經濟增長（由無止盡且具有風險的投資所推動）與人們的福祉相結合的人來說，這可是一個嚴肅的問題。事實上，這表明了經濟的積累過程，與在其中運作的人的目標是不一致的。從人們的實際行為來看，無處不在的資產投資，看起來更像是在沒有安全替代方案的情況下進行的強迫行為，而不是出於進取心的衝動想抓住機會。

財產的意識形態基礎，反映了中產階級的意識形態基礎，因為兩者都濃縮成投資的觀念。我們認為投資是一種創造財富的手段，而財產是投資價值的儲存庫。在充滿風險和不確定性的社會環境中，對物質和非物質資產的投資是改善生活的最終途徑。正如自由主義思想喜歡將財產目標想像為不言自明的目標一樣，我們並不是為了財產本身的目的，而是為了財產所代表的一切事物而投資。財產是一種載體，承擔我們所賦予的一切情感、社會或道德的意義，是以安全感作為基礎，以致富的希望為額外的目標。

政治學家黛比．貝歇（Debbie Becher）觀察了費城民眾在政府根據「土地徵用權」（eminent domain）收購私有財產以發展公共建設過程中的表現。[32]根據她的描述，大多數被徵收房屋的人，並沒有表現出過分依賴財產的樣子，這種表現不符合主張私有權神聖不可侵犯之自由意志論者（libertarian）的期待。只要政府承認他們投資的價值並且給予公平的補償，他們便答應政府拿走原本理所當然屬於自己的東西。他們曾為了那些財產犧牲金錢、時間、工作、情感和人際關係，現在他們最關心的是確保自己的努力沒有白費、不會蒙受損失。

貝歇還描述了這些人如何創建並維護社區的網絡和組織，使他們的住所具有吸引力，從而提高房屋的價值，或者如果遇到徵收的情況，他們也能因此多獲得補償。保護和提高財產價值的措施往往具有排他性，例如努力防止其他人在沒有付出同等投資的情況下獲得某種財產，或者設法阻止這種財產變得過於普及以致失去價值。我們可能與其他擁有相同資產的人合謀，以破壞對於這些財產的自由競爭，例如支持土地使用分區法（zoning laws）或是將某些人排除在我們社區和學校的門檻之外。[33]我們指望保險公司徹底審核資格，也不隨便接受其他人進入我們的「風險共擔團體」（risk pool）。我們反對其他人在未告知或未補償的前提下，利用我們的想法、著作甚至是網路連線。我們捍衛自己辛苦獲得文憑或專業證照時所依循的標準。

這並不是說我們想要加強對任何特定資產的控制，希望讓投資更形重要，後者只有當與其他人的投資相比而凸顯出價值時才有意義。當財產沒有以任何明確的方式改善財富狀況時，我們就會構建一個提供安全感的幻想世界，想像自己具有強過其他人的優勢。我們希望從如下事實獲得社會和物質上的好處：隨著時間的推移，其他不具備我們所擁有之資產的人（有時候是我們被迫在收入和資源上共同競爭的人），不得不比我們花費更多。我們安慰自己，如果財產價值下降，那些擁有較少資源的人將首先倒下，而且他們的墊背將緩解我們自身崩潰所造成的衝擊。

財產策略不一而足。經濟學家將其優勢與租金聯繫在一起，這是一種附加價值，即擁有稀罕財產的人可以向其他人收取使用費，例如出租他們擁有的公寓。租戶也可以設法鎖住低於市場的行情，在自己的保護傘下爭取租金價值。當團體組織起來為自己的種族、宗教團體或居住地，爭取更好的公共服務和其他國家資源時，租金也被集體和間接地收取。人們可以藉由動用經濟、法律和政治資源，來限制房屋、學校、專業證照、共保集團（insurance pools）、信用貸款、社區、市鎮與國家的社會、文化和物質的基礎設施，以提高其財產價值。[34]

私人尋租的一種方式是社會保險措施。人們普遍誤以為社會保險在某種程度上與財產所有權是對立的，甚至違背了財產所有權。但社會保險的用意在於，讓人在失業、健康狀況不佳或年老時仍能維持一定的收入。只有透過這種支撐，我們大多數人才有希望進行儲蓄及投資財產，並將價值留給下一代。如此廣泛的風險分擔和降低風險的安排，使我們能在數十年內承擔大量抵押貸款，而不必擔心收入中斷時，自己會被淹沒在一堆無法償還的債務中。社會保險還說服銀行承擔違約風險，這是大批人口長期融資所特有的狀況。保險集團提供安全網，讓有工作的家庭具良好信用；養老基金僅購買源自銀行和抵押貸款機構的支付流（payment streams）。這正是歷史上發達經濟體的人口，能夠普遍獲得家庭財產的機制。35

無論我們喜歡與否，這些策略都與積累有關。如果我們擁有財產，會希望確保其價值不下降到剝奪安全感的地步。因此，如果有其他人也在追求這項價值，我們就必須密切注意其追求是否可能損害它。我們還必須留意能維持經濟學家所稱「健康增長率」的力量，希望可使財產免受停滯、通貨膨脹和金融危機的破壞性影響。對於這些喜歡將社會保險安排，視為保護所有權和達成所有權目標的人來說，情況也同樣如此。這種安排對財政壓力非常敏感，並且是國家在重新確定預算優先順序時首先割捨的。原則上，我們透過各種所有權的預防措施和期望，來與積累過程保持一致。

研究二戰以來西歐狀況的社會學家斯蒂芬・莫（Stephen Mau）指出，社會保險針對穩定收入的安排，是讓大部分工作人口得以購買房屋、接受教育、為未來儲蓄並積累財產。[36]這些專業且擁有財產的工作者隨後學會將自己的錢用於投資，以防止納稅和通貨膨脹啃蝕掉他們的錢。與收入的增加相比，在房地產和其他資產上投資的回報更高，因此，他們不再像過去那樣支持社會保險安排，而是熱衷於能促進並保護私人租金收入的政策。

人類學家對這些人群進行細緻的分析。研究表明，瑞典保留福利國家制度基礎的嘗試反映在以下做法中：國民堅持交易必須開立收據，以作為商家向國庫支付增值稅的保證；他們激烈辯論何種人以及哪些行動值得債務豁免；將那些被認定為流浪漢和寄生蟲的人趕出社區範圍。[37]瑞典公眾養老金制度的自由化，削弱了其風險共擔的安排，以致引發瑞典人的抗拒，並且堅信他們沒有足夠良好的條件管理自己的儲金。即便如此，他們之中許多人還是以購買股票、私人保險單和房地產為對策，致使瑞典的房地產市場蓬勃發展。[38]

在德國，「隨收隨付制」（pay-as-you-go）的公共養老金制度具有相對的彈性，與社會保險的其他措施一樣，使德國現今的退休者成為現代歷史中最幸福的一群。[39]作為德國金融化研究的一部分，我採訪了最近退休的人員，探究他們對財產的追求和保護、與中產階級意識形態之間的關係。[40]我發現他們當中擁有房子的人，通常是在成立家庭時就借錢購買的，卻很少考慮房價的後續走勢。他們既沒指望房地產價格上漲，亦無因應價格下跌的對策。他們為自己感興趣的職業接受教育和參加培訓，卻沒有考慮到就業機會的問題。他們的學位資歷為他們謀得了工作，當職業生涯中斷時，還可以利用失業保險、育兒福利和再培訓計畫以重新步上正軌。在他們整個工作生涯中，從薪資中自動扣除的分擔費用，累積成為他們的退休年金，而且在大多數情況下都能維持他們退休前的生活標準。這些標準會根據他們隨著時間所積累的資源（例如分層公共教育〔tiered public education〕和培訓計畫等制度）進行調整，從而讓他們從事具有「分級薪級」（gradated salary scales）（這些薪級可與他們期待的標準保持同步）的工作。

這種結合賦能性的保護制度，未能減少他們之間在物質資產和專業資格上產生的不平等。保護制度與不平等兩者的結合，促使他們非常重視個人的努力和投資，因為他們將之視為造成不同命運和地位的因素。許多人表示，他們被教導了節儉的價值觀，還有些人因自己從未貸款而感到驕傲，至於那些已經貸款的人則提到自己對於還款的謹慎態度。這些接受我採訪的人都是自食其力的。當然，有些人從父母和銀行那裡獲得資源，使得事情變得較為容易，不過他們也發現，與自己的付出相比，那些資源幾乎微不足道。公共資助的教育和培訓、工作保障和保險安排，鼓勵他們發展和應用自己的技能，不過他們認為這些制度只是背景因素，投資才是關鍵。那些在學校表現優異、建立良好社交網絡、獲得專業技能並轉任更好的工作的人，因為擁有創造自身財富的智慧和決心而感到驕傲。

我訪問過一位已退休的特殊教育教師，他的故事就是個很好的例子。除了和妻子正在領取的適量養老金外，他們全部的財富就是自己的房子了。如果往後需要特別照護，就可以在有利潤回報的情況下出售房子。他們很久以前用貸款買房時只是一棟失修的舊穀倉，如今幾乎還清了貸款。當初銀行只在他獲得正式教職後才核准貸款，因為這樣才可以保證他能全額償還信貸。他們在家人和朋友的幫助下翻新房子，多年來也一直趁著週末和暑假進行修繕。他說：「我們藉自己的工作創造了價值，同時得到回報，否則我們本來買不起房子的。」

就像其他社會背景類似的孩子一樣，他起先被送到職業學校，接受今天已不存在的印刷專業培訓。在就業期間，他去讀夜校並取得高中畢業證書，於是得以進入免學費的公立大學，以便日後實現自己一直想當老師的夢想。後來，他成功申請到訓練特殊教育教師的公共培訓計畫。由於他在工作上表現出色，接著承擔了更大的責任，也提高了薪資等級。在回顧自己的生涯時，房子再次成為關鍵點。他說：「我們的生活水平穩步提高到可以住進這裡，而且過得很好。我是機械工人的兒子，而今天我已算是中產階級。但是，如果當年我繼續做最初的工作而非積極對待人生，也不把握機會或做好分內工作，那麼我永遠不會成為今天這個樣子。」

然而，我向退休人員詢問其成年子女的情況時，情況看起來就很不一樣了，許多人正在苦苦掙扎。這些退休人員難以將這種狀況與德國戰後令他們信任的投資理念相互調和。這些孩子與父母不同，他們在富裕中成長，從未體會金錢和辛勤工作的價值觀，面對消費主義那令人眼花繚亂的誘惑（孫子們的玩具多到令人不可置信），他們很快就可以借到貸款而不必先存錢。退休人員為自己的孩子提供了很多幫助，有時會與他們自豪的獨立意識形成對立。如果他們對自己的未來有任何擔憂，都是與集體危機有關的，例如政治發展的走向和公共養老金制度的壓力，但是他們對孩子的擔憂，使他們反對那些已經令自身投資奏效的風險共擔和監管制度。過去十年中，有對夫婦在柏林的公寓價值增加了兩倍，他們堅信：「這種房地產泡沫對社會來說非常糟糕，但對我們的孩子來說卻有好處，因為他們將能得到自己迫切需要的豐厚遺產。」

因此，對於公共風險共擔或是私人尋租的偏好，會因為在特定國家經濟體制下的可行性和收益性而有所不同。然而，無論財產的價值是否得到保護，財產都能藉由擁有者和追求者自身利益的特點，將他們與積累的力量結合在一起。我們透過投資與努力使投資奏效的方式，來對自己的財富負責，如果我們確信在實現未來目標的過程中，投資提供了比不投資更好的機會，所帶來的風險就更容易被忽視了。

我們期望自己的投資可以產生預期的結果，這些結果只要足以維繫我們尋求安全的價值即可，不必完全等於或大於初始值。不過，如果經濟必須透過無止盡的投資和風險事業來增長，那麼財產就無法提供安全感。在資本主義經濟中，財產和廣泛持續的投資有密切關聯：從工作者那裡吸取資金，然後引導到市場。為了吸引所有人，投資必須提供實際可見的回報。但是為了讓積累可以不受阻礙地持續下去，這些回報必須在政治可接受的範圍內，誠如法蘭克·奈特所暗示的那樣，是臨時、短暫的。重要的是，這不容許我們停止投資，也肯定不允許我們當中太多人就此以逸待勞、收取租金。

因為財產具有抽象性，所以即以這個概念引誘人。它不是哪一個特定的房屋、汽車或是儲蓄帳戶，不是一張印有幣別符號的紙，也不是保險單、學位文憑或專業證照，而是包含所有這些東西的類別，是獲得這些東西所帶來之市場價值的途徑。但在資本主義的體系中，價值在本質上是不穩定的。即使我們自認知道自己財產的市場價值，也明白價值隨時可能改變，卻不太能做什麼有效的干預。當財產被視為等同於其所代表的價值，那麼擁有的東西就是人們生產總和的一小部分。每個部分都與其他小部分息息相關，而後者又是永久處於變化中，不僅根據供需狀況等市場力量倍增和細分，也基於影響市場交換和工作條件的社會和政治力量而波動。之所以投資財產，是因為它的有形特性似乎儲存了我們置於其中的價值，但是由於封存在財產中的價值超出了掌控範圍，因此這其實是表面的假象。

如果我們高度重視自己的財產，會指望自己存儲價值的那小部分相對於整體能夠變大，或者至少別削減太多。我們盡可能藉著多樣化投資來避免賭注的損失。我們賣力爭取、投資，並控制著自認將來最有可能產生回報的財產，期待某一天至少能取回自己投入的價值。如有疑慮，就在一個人人都需為收入和資源競爭的環境中，將視線轉向財產能提供給我們的優勢。當工作收入和其他資源變得不可靠或稀少時，財產吸引我們的地方在於，那些擁有較多財產的人會比財產較少的人更具優勢，縱使財產價值下降，這些優勢仍會持續存在。財產的相對價值所具備的競爭優勢，成為真正安全和富裕的替代品。

出於「財產提供安全保障」的幻想而購置財產，並且渴望獲得更多財產的舉措，其實很像被中產階級的想法所迷惑，卻同時哀歎該階級的壓力那樣。通常情況會是，上述兩者所隱含的「社會階級流動操之在我」概念，都為同樣的鬥爭增添活力。當局耗費諸多社會和政治能量，以求降低構成生活成本之事物的價格。房屋、證照和保險的價格飆升，使得無力負擔的人口數量不斷增加，因此產生所謂「最低生活標準的成本上升」：過去幾代人所享有的生活水準，對於這一代人來說是遙不可及的[41]。

有些政治偏右派的人呼籲提供信用貸款給所謂「值得幫助」的工作者，以便他們可以購買那些東西，但一方面則將信用不足的人排除在外。另外有些左派的人則主張，提供公共保護將有助於更多人獲得並保有最低限度的財產。無論我們的傾向為何，都會固執地追求財產以及財產所代表的價值，直到最後才了解自己徒有一個以房屋形式呈現的空殼，其價值低於我們抵押貸款的債務，或是一份僅供糊口的養老金、一張沒能為我們謀得體面工作的證照。當我們被財產低調的魅力所迷惑而積極前進時，所謂的價值，在於積累操弄我們的投資，以及它在背後建立的存儲庫。

財產價值不穩定的一個副作用，是炫耀性消費的重新抬頭。消費和所有權通常朝著相反的方向發展。大多數人只能藉由儲蓄或是犧牲當下的揮霍，來支付房屋、養老金或文憑等昂貴的資產，因此，購買華麗或炫耀性質物品以從人群中脫穎而出的做法，通常不被認為是中產階級的行為，反倒經常與低收入群體中相對成功的成員聯繫在一起。有人解釋說，那些財富不多的人更需要透過物質來表示自己的相對成功。[42]但是，一旦不確定性也滲透到自我認同為中產階級之族群的生活中，情況也隨之改變。瑞秋・海曼（Rachel Heiman）在關於美國郊區居民的人種學研究中，發現他們會將自己的不安全感，轉化為高調展示豪華休旅車、高端運動裝備、更大的住房和引人注目的建築裝飾品等舉動。[43] 他們所獲取的成功的脆弱性，引發他們在外表上競相擺闊。

批評財產所有權的人，有時會警告財產只集中在少數人手中時所造成的社會和經濟成本現象，並且呼籲公平分配。托瑪・皮凱提（Thomas Piketty）被廣泛閱讀的著作《二十一世紀資本論》（*Capital in the Twenty-First Century*）乃是最近的一個例子。[44] 他表示，除了二戰後那幾十年，現代資本主義在任一階段的財產收益，幾乎都超過了經濟增長率，而這項增長率間接反映在薪資行情上。[45]

簡而言之，財產在傳統上都是比工作更具金錢價值的來源。沒有財產的人不但須支付更高的租金，同時從工作中賺取的錢也少於同儕從財產上所獲得的收益。他們很難改善自我前景，而擁有財產的人則為自己的孩子積攢，並留下可以幫助孩子日後獲得更多收益的資源。因此，財富便集中在特權階層的手中，導致社會變得不平等且停滯。由於獲得財產以及財產所提供的向上流動機會有限，企業家便轉為收租者，而大多數民眾則喪失了投資的手段，導致經濟增長的步伐減緩。

皮凱提關於不平等的分析以及對財產課稅的建議，得到了廣泛的重視和檢驗。但是其理論中有關「財產價值的波動越來越大」的論點，尚未受到應有的注意。他特別選擇了歐諾黑・巴爾扎克（Honoré de Balzac）和珍・奧斯汀（Jane Austen）十九世紀的小說為例，以一種有趣的方式展示，讓人理解在極端重視租金收益的社會中，世人普遍蔑視工作、追求可以繼承或是透過婚姻而取得地產的心態。財產所帶來的好處遠遠超過從工作中獲得的收入，這使得極端重視婚姻的女主角更加相信財產的重要性。在那個不存在通貨膨脹的年代，財產的價值也足夠穩定，可以帶來穩定收入，十九世紀的小說家列舉了物品的價格，彷彿那些價格就算經歷幾代人也不會波動似的。如今，財產再度集中在少數人手裡，也比工作更加有利可圖，但與十九世紀相比，它卻是波動、易變的。除非善加管理並進行再投資，否則成堆的鈔票很可能會從你眼前消失。皮凱提指出這種波動，但立即排除了它的重要性，並且聲稱擁有巨額財富的人會以多樣化辦法避免風險。雖然這說法可能為真，但波動性還是至關重要的，因為絕大多數工作者擁有的財產仍然相對固定且花樣也少。這顯示了財產很容易受到價值波動的影響，而且不再代表安全保障。

如今，大家普遍關注分配不均的財產所有權造成的不平等現象，而皮凱提的說法正是對該狀況的描述。探討人們擁有什麼和擁有多少所造成之社會影響的分析師，都是從這個假設出發的：財產的價格越高，可以造福的人就越少。然而他們並沒有花太多時間來解決財產價值發展過程中發生的問題，倒不是說不平等的現象無關緊要或是沒有加重——它肯定有並且顯然如此，至少對美國而言，過去幾十年中收益升降的急劇程度快速增大[46]，在其他經濟體中亦有蔓延的趨勢。租金和財產收益等收入的不穩定，應該促使我們更嚴格地審視價值與積累之間的關係。

對所有權不平等的擔憂有時會轉為對富裕菁英的反感，但只專注於抗議和改革財富分配，卻不在乎改變生產和再生產條件，因此能取得的成果有限。對於我們當中那些花較多時間在擘劃未來和照顧所愛的人，而非志在改造社會的人來說，對於不平等及其影響的高度覺察，促使我們一心一意繼續投資財產以求在經濟上可以應付裕如（即使我們的努力適得其反也在所不惜）；或是社會投資意在提升我們共同財產的價值，即使它所製造的人際連結是工具性的、脆弱的也一樣；又或是追求租金（能讓我們相較於他人的優勢存續下去，並且防止我們的衰敗）；即使這加劇了我們在追求這些東西時的競爭壓力，即使這些東西無論如何都沒有給我們帶來多少安全感。

如今，金融市場決定我們完全或部分擁有之一切東西的價格，其方式遠不如以前直觀。銀行以房屋抵押貸款的形式，將我們的房產分解成小塊，再將其作為切割的投資產品打包銷售。保險公司、養老基金、互助基金和私募股權公司等機構投資者，匯集了我們的存款並投資於這些產品和其他企業，將我們與他們雙方的利益綁在一起，產生了鞏固金融主導地位的巨量投資。[47]我們不再是傳統意義上的財產擁有者，因為我們是透過投資組合（包括公司股份和「捆綁收益」〔bundled revenues〕），或是間接透過抵押的房屋和投資的儲蓄，變成了整個經濟利益或風險的共享者或共擔者。身為不怎麼出色的所有權人，我們的財富只能仰仗企業利潤，或是較高的帳戶存款利率等事物。

從積累的角度來看，透過資本市場對投資進行「共有財政資源的調整」（financial

pooling），意味著彌補了私人財產的浪費性囤積，以及減少能產生利潤之資本流動的障礙。我們擁有的財產被分解為抽象的組成部分，然後投資於經濟企業，並可以自由地找到最高的回報率或損失風險。這自然而然就會發生，不需要我們去引導方向。在這個過程中，為了提供股東所需的回報，工作面臨越來越大的壓力。工作效率越高，生產相同數量的商品所需的工作時間就越少。慣常的資本主義動力隨之而來，工作人口增加的速度快於有酬工作數量的增加，缺乏有利可圖之投資機會的資本，則仍處於閒置狀態。投資的增加有益於利潤的產生，然而投資的總價值不能以我們實際可使用的任何形式吸收回社會，這種不平衡導致金融危機，並且對我們的財產和投資價值造成嚴重破壞。[48]

我們不再是一貫、穩定和可見之財產的私人擁有者，如果幸運的話，我們將成為金融產品的集體投資者，而且在這些金融財產中，財產的成分被包封起來，其價值也根據更廣泛的積累趨勢而波動。我們的房產、證照、保險單和養老金儲蓄可能具備所有的安全措施，然而，它們所開闢的投資途徑卻破壞了這種安全性存在的基礎，例如穩定的工作收入、廣泛的社會保險和普遍的共用權等替代的保護性措施。正如我們將資源交付給金融市場一樣，波動性也會隨之增加，伴隨而來的是我們面臨的風險。我們在為未來做準備的過程中所必須應付的突發事件倍增，促使我們進一步投資財產，以期抵禦那些事件。其他的安全網都已破碎了，這是唯一的預防措施。

我們為了自身安全福祉所採取的財產策略，具有強制和弄巧成拙的特質，而金融化使得這種性質更加明顯，人類學家在新全球中產階級的奮鬥中觀察到這一點。在私人財產長期以來一直不存在，而如今正被導入的地方裡，這種奮鬥的情況最為突出。例如，在中國，公家分配住房制度的取消以及隨之而來的商業房地產崛起，使得公民都聚居在住宅社區，而這些社區在物質和基礎設施上都呈階層化，於是造就了「新中產階級」概念的普及化。這個術語在中文被翻譯為「新中階有產階層」（new middle propertied strata）。隸屬於這些階層的屋主，採用消費者策略將自己與較小的投資者區別開來，並且以自我組織、排除其他人為手段，增加自己住宅的優勢。不安全感使他們加倍努力要透過房地產的私有化，來保存自己所積累的資源。[49]

房地產價格上漲、通貨膨脹，造成對貨幣貶值的恐懼、不可預測的市場波動，以及國家干預等等因素，都導致其他儲戶努力尋找能安置金錢的替代辦法。這些儲戶轉向財富管理服務和金融產品，但是他們未能透過這些服務和產品賺錢，有時甚至自行吸收損失。然而，就像購屋者一樣，他們在希望和絕望的共同作用下堅持不懈。[50]

後社會主義時代的羅馬尼亞，是另一個財產策略弄巧成拙的例子。社會主義在該國衰落之後，土地雖然已經還給原先的所有者，但價值已大幅下降，以致淪為「預算流失」（budgetary drain）。接收地產的人需要進行農耕，即使其成本高於購買同等產品也一樣。他們背負風險和債務，最終只能利用自己的地產而非物質保障來取得社會地位。他們甚至沒有從俗稱老鼠會的加里塔斯金字塔騙局（Caritas pyramid scheme）所帶來的利益中受惠。在一九九〇年代早期，這個老鼠會引發羅馬尼亞人的投資熱潮，並以組建新中產階級的論述為後盾。由於當時飆升的通貨膨脹抵消了終身儲蓄的價值，該投資計畫便具有強大的吸引力。加里塔斯使羅馬尼亞人逐漸接受兩個轉變：首先是從政治家策劃和管理經濟的理念，轉變到由抽象力量推動經濟；第二，從工作是唯一合法收入來源的觀念，轉變到貨幣可以透過金融迴路自我複製。儘管沒人理解自己的投資將如何結出豐碩的果實，他們仍然被洗腦到可以信任一個在背後運作的市場，並且實際上也將自己的儲蓄交付出去。隨著金字塔的崩潰，他們也了解到這些儲蓄可能血本無歸，而這一次再也不能責怪政治領導方針的失敗，只能怨恨自己的拙劣選擇。[51]

人類學家聚焦在中國和羅馬尼亞這些晚近才重新引入私有財產制的國家，這讓我們可以用更敏銳的眼光，觀察這些在幾十年的時間裡，私有財產制蕩然無存之地方的財產策略。我們的父母和祖父母的成功故事，也就是他們因為獲得物質和非物質財產而提高社會地位的故事，這都令財產顯現牢靠的外表，但是貨幣貶值、金融危機、榮枯更迭等現象，讓我們想起財產的基礎是多麼脆弱。

如今，當我們面對三十年的抵押貸款時，已不像父母當年那樣過度樂觀了，即使我們謹慎地為養老做準備，也不會躊躇自滿地想像晚年時握有的東西。無論做這些事情時的希望和夢想為何，我們仍會擔心如果忽視這些事情，前景將會更加嚴峻。私有財產的意識形態雖是一件好事，但就像「廣大中產階級是人口自立的基礎」一樣，可以說已經喪失了一些光彩。然而，即使我們是變得疲累不堪的投資者，依然還是投資者；我們只是在變得更加透明的限制下進行運作。

第三章

太人性了

>> We Have Never Been Middle Class

有關美國郊區的研究，少有像赫伯特・J・甘斯（Herbert J. Gans）一九六七年的《萊維敦區住戶》（*The Levittowners*）那樣獲得好評的。甘斯將自己置身於紐澤西州新建的郊區萊維敦（Levittown），藉由描述該區居民在眾多計畫和關懷中自我組織的活力，反駁戰後認為郊區居民是同質和順服的觀點。然而，甘斯在萊維敦區家庭、社會和宗教生活中所觀察到的多樣性，卻在學校方面呈現兩極分化的現象。該社區的主要吸引力在於居民有機會能擁有自己的住宅。居民最初並不關心學校，他們確信自己會像新鄰居一樣對學校感到滿意。然而，由於私人住宅無法反映出這些鄰居之間過多的差異，但學校卻可以。很快地，較富裕的人將孩子送到自己認為附近較優越的私立學校，進而引發了投資私人教育的緊張情緒，此舉可說偏離了社區的精神。甘斯在一九八二年再版的該書中，描述了自己在二十年後重返萊維敦進行訪談的經驗，他發現：「社區現在似乎是個體家戶的集合，完全投入於各自關注的事務，就像美國其他地方的中產階級一樣。」[52]

提升中產階級自我關注的教育是什麼情況？在上一章中，我描述了私人財產制度如何鼓勵工作者投資財產所代表的安全感，而在那樣的環境中，每一個人都競相爭取的事物即會變得稀少，然後，這些投資會透過金融市場進行，而此種市場的增長，會破壞可能幫助人們實現所追求之安全感的條件。我在本章中想說明，危及工作者所購買房產之價值的相同力量，如何重振他們對人力資本的投資。社區一起合作積累物質和人力資源的優勢，促進兩者間彼此的轉換，從而將他們獲得的東西轉為資本。然而，這些舉措背後的投資壓力也加劇了群體間的競爭，使家庭之間彼此孤立，有時甚至使他們相互對抗，耗盡了共同的資源。與此同時，將追求人力資本之家庭成員聯繫在一起的關係也被動員起來，以便為更廣闊的經濟積累過程服務。因此，這種家庭關係也顯示出這些投資不可靠和不充足的回報。

為了發展這個論點，我以自己的民族誌之旅作為起點。身為一名研究生，我開始考察約旦河西岸的兩個猶太人定居點：具國族、宗教意味的伯特利（Beit-El），以及更大、更多元化的阿里埃勒（Ariel）。這兩個定居點自一九六七年以來，即被設置在以色列占領的巴勒斯坦城鎮之間，因此人們時常透過政治視角來看待其中的定居者，認為他們是有預謀的占領行動執行者和殖民野心實現者。一些比較愛說風涼話的評論家認為，這些定居者追求的終極目標是擁有自己的私人住房，要是換成在以色列的核心城市，這個目標是遙不可及的。在調查那些定居者搬遷到西岸的動機時，我發現了需要進一步仔細深究的因素：他們希望建立一些新的東西、與志趣相投的人一起生活、享受良好的生活質量、擁有在社會上的發言權，以及一個可以實現自身價值觀並將之灌輸給孩子的環境。到目前為止，他們與西岸的巴勒斯坦人處於隔離的狀態。定居者占用了一些可以對上述目標的實現進行非政治思考的空間，不過巴勒斯坦人的資源也因定居點基礎設施的擴建而耗盡了。[53]

與萊維敦區一樣，教育是西岸定居點增長的觸發點和轉折點。這發生在二十世紀七〇和八〇年代，以色列公立學校系統的標準受到政策的拖累，因為當局在沒有足夠預算補貼做配套的情況下，便將弱勢兒童納入系統。然而遠方定居點的新學校享有更多大手筆的公共預算，而且學生數量也比較少，只有具企圖心和花得起錢的父母才能將孩子重新安置在那裡。我採訪過的大多數定居者都非常明確地將他們搬到西岸的舉措，視為對子女教育的投資。

為了實現這個目標，許多定居點一開始都被預先篩選，以確保居民至少能擁有一些私人資源，並且該地有能力在活躍的社區中，為私人住宅的建造提供公共補貼。早期的定居者在物質生活上足夠舒適，以至於可以避開消費主義式的炫耀，並擔負起類似先驅者和政治行動者的角色。雖然他們將原先以耶路撒冷（Jerusalem）和特拉維夫（Tel Aviv）為根據地的工作轉移到新的郊區腹地，但可以在新環境中培養教育良好的兒童，而且其社會、道德或宗教價值觀也能在此受到尊崇，有時還能接受社區特定工作和榮譽的回報。

不過，在我搬進自己第一間西岸的公寓時，以色列的經濟已有很長一段時間，依循與大多數先進資本主義國家相同的市場主導路線進行重組，公共產品和服務的削減也在全國留下痕跡，定居點雖然享受了特殊補貼，卻也未能倖免。削減支出，意味著現有定居點的基礎設施在擁擠的居住區、學校和公共機構中使用負擔的加重，再加上公共資源日益減少、有酬工作的壓力越來越大，已然耗盡了曾經讓西岸定居者將物質利益轉化為社會優勢的槓桿作用。

外部的壓力導致內部的緊張。在伯特利，第二代定居者對於吸引他們父母的集體精神不屑一顧。他們要麼完全避開物質生活的慰藉，住進山頂營地享受苦修的精神滿足，要麼返回以色列本土就業、居住和消費來尋求自我實現。他們的父母，要麼哀歎自己未能阻止孩子免於這種拋棄俗世的行為，要麼慶幸自己為他們提供了自力更生的手段——只要孩子的生活方式不要偏離他們的太遠。至於阿里埃勒，早期的團隊精神已被大膽的實用主義所取代。每個家庭都想方設法從基金和捐款中取得資金，同時與同儕在學校教育和住房方面競爭優勢，並且憎惡八〇年代中期的貧困人口，以及九〇年代初說俄語的新移民，因為他們的到來對房產價值造成了負面影響。

我對這些過程的分析，等於反對世人對定居點物質生活的普遍看法。[54]在我進行實地考察時，繼以色列從該地區「抽身」後，推土機在加薩走廊（Gaza Strip）夷平定居點的情景依然縈繞在每個人的腦海中，並且在有關西岸定居點的實際存在，以及定居者財產權利的問題上引發激烈爭論。雖說國家有更高、更全盤的考量，但是我的觀察提醒自己要注意社會和人道因素的不可分割性。昔日舒適的物質條件與繁榮的社會生活、良好教育和文化設施的融合，是吸引人們搬到定居點的誘因。經濟壓力破壞了這種聚合團結的現象，並且瓦解了定居者彼此之間的連結，將他們變成了——在此呼應甘斯的說法——完全只關注自身問題之個別家庭的集合體，就像以色列其他任何地方的中產階級人士一樣。

上述觀察也使我了解到，家庭動力對於定居點的生活具有意想不到的重要性。第一代定居者希望在孩子的命運中實現自己的理想（無論這個理想多麼模糊），他們認為第二代的選擇將會反映他們的選擇。因此，第二代定居者那不受羈絆的選擇在情感上是充滿壓力的，因為看在父母眼裡，這要麼是回報了他們因對子女的投資而遷來西岸的辛勞，要麼是讓他們的投資變得毫無意義。回過頭來說，我還沒把這些緊張關係視為更廣泛趨勢的指標，那標誌著時常與中產階級相關的投資。現在，我想從這個角度來探討。

在我們未來的投資中，獲得學位文憑、培養技能、拿到專業資格並建立社會網絡與人際關係的努力，尤顯重要。就像儲蓄帳戶、保險單、房地產和其他資產一樣，代表著我們希望在自己的工作收入中斷時，投資的價值可以幫上忙。但是，我們儲蓄起來的收入，現在卻被銀行、養老基金和保險公司捆綁、分割並引導到全球流通的浪潮中。這些金融中介將我們這些工作者（同時也是財產所有者）的利益，與由金融主導的成長串聯起來（而且這種成長，允諾要保護或提升我們財產的價值），這讓我們與其他所有者暫時連結在一起，而他們的財富同樣也與這種增長密切相關。

政客直接對他們所認為的中產階級選區說話，其中通常包括了藉由儲蓄和借貸為未來做準備的工作者。他們承諾透過房地產業、商業、銀行業、保險業和養老金體系的經濟穩定和永續性增長，來維護這些工作者的財產利益。當政策要求削減預算、裁員和實行撙節措施時，政客的訴求便更加堅決，這最終會傷害到他們自稱所代表的人的利益。

私人財產的重要性，隨著這些壓力的加劇和其他安全網的減弱而迅速增加。我們當中某些人因應這些壓力的方式是：結合共同努力，以確保本國所有公民繼續獲得和保留財產的門檻，例如堅持由公家來保障我們的收入、實行風險共擔和提供信貸。另一些人則通過土地使用分區法來規定社區居民的收入底線，以維持並提高自己不動產的價值，或者主張本國的社會保險和稅收法規，應使我們無須為那些承擔更大風險的人提供理賠。

但是，有一種資產會比物質財產使我們彼此更容易變成競爭對手，而非團結在一起成為盟友和合作對象。繼諾貝爾經濟學獎得主蓋瑞・貝克（Gary Becker）之後，有些經濟學家稱之為「人力資本」，包含了我們的投資所產生的一切非物質的力量，可以讓我們從工作、財產和社會互動中獲取更大的價值。這包括了教育文憑、專業證照、豐富實用的經驗、強大的生理和心理特質、良好且多樣化的技能、高階地位，以及有用的社交脈絡。這些東西被認定為「人力」，是因為這成為了我們每一個體的一部分：那是我們可以藉此認識自己並從中受益的能力。

除非出生時即具備出色外貌、智慧或才能等天生優勢，除非正好生在得天獨厚和備受尊敬的社會群體中，否則我們第一個、也可以說是最重要的人力資本，即是所謂的中產階級家庭。這包括可以在物質上、情感上和智力上支持自己孩子的父母，後者為子女提供健康和養育的環境，豐富他們的經驗，培養他們的技能，確保他們獲得良好教育，並幫助他們充分利用這種教育。當我們提到人力資本的投資時，這種家庭就被稱為「中產階級的搖籃」，而中產階級家庭則被冠上「養成雄心的托兒所」的外號。55

中產階級意識形態中的人力資本，甚至比物質財產更容易被看出是其組成部分，因為人力資本完美呼應了投資精神。金錢或房子不太能反映主人的特質，但可以傳承下去，讓繼承者至少省去一些獨立奮鬥的辛苦。相反的，人力資本是不可轉讓的，那是每一個體的獨特成就。父母所能做的，就是利用自己的物質和人力資源為孩子們提供優勢，打造一塊堅固的跳板，讓他們從那上面跳入競賽以發展技能、品味和社交網絡。因為只有具足夠價值的技能和網絡，才能讓其擁有者贏得實際的物質回報，所以技能和網絡本身可說是一種抱負型資產，而不是一種有利可圖的資產。抱負型的人力資本，則強調了中產階級常見的額外工作、時間和資源的投入，也令該階級的人期待可預見的回報，並且形成「一個人的財富乃取決於這種付出」的信念。

新中產階級常因其成員對人力資本的關注，而與舊中產階級有所區分。[56] 經濟結構重新調整的浪潮，使得發達經濟體的房地產價值變得不穩定，造成所有權的機會減少，或是所有者從租金和收益中獲利的能力降低。富裕社會的成員，已著手透過其他方式來鞏固和延續自己的優勢。具體而言，他們將積攢物質財產的做法轉化為社會地位，並為子女提供享有優質教育的特權。在以擁有新中產階級而自豪的國家中，擁有物質財產的舊菁英，已開始透過專業技能和教育邁向社會流動的前景。[57]此一新時代有時被稱為「菁英統治」（meritocracy），這暗示著一個曾經只看重那些生來富裕的人的社會，已經向擁有大腦和活力的人打開了大門。由於發揮這些特質有望獲得回報，所以這是一個鼓勵每個人都參與投資的體系。

人力資本的制度強化了投資，這不僅因為它隨著每個人生命週期的開始而重新啟動，更重要的是，這些投資可能永遠不會結束。每個人都體現了一定範圍和規模的人力資本，這可能使他（她）在社會上，特別是就業市場上占據優勢。與物質資本相比，人力資本的量是無限的。然而，其價值始終只與其他人所帶來的價值相關。因此，人力資本有一種向上攀升的固有傾向：「儘管我已經做得很好，但是強中自有強中手，如果和更強的人競爭同一個機會，我就會輸掉。」我們必須不斷進行人力資本的投資，相較於追求進步，更強調不落人後的投資。對於一個透過孜孜不倦提取資源，並以競爭性投資所產生的價值為基礎的經濟體系而言，人力資本是非常寶貴的。

人力資本在社會生活中的優勢受到批評，因為其興起的條件不夠符合「能者出頭」的精神。在機會均等的表面下，特權當道與不平等的現象方興未艾。沒有人比社會學家皮耶·布迪厄（Pierre Bourdieu）更有力地論證了這一點：當人們受到家庭的栽培，利用從學校教育和文化素養獲得相對較大的賦能時，他們積累的優勢是多麼可觀。[58]

具體而言，學校和高等教育機構的優質環境，是小孩走向成功之路的助力。如果我們出生在擁有特權的環境，就會被送到較好的學校。成長經歷和家庭期望，使我們能夠在學校中取得良好成績，並培養出自信心，也使我們更容易克服障礙（這些障礙會絆倒條件不如我們的人），且不至於失去鬥志和活力。較好的成績為我們鋪平通往更好大學的道路，而透過大學教育，我們可以獲得更有價值的文憑和資格。然後，這使我們可以謀得收入較高的較佳工作，接著，便可以因為這些工作，而與自己條件相仿的人住進更好的學區，進而使我們能夠為孩子提供優勢。

此外，社會、家庭和教育的一系列優勢，也提供時間、資源和訓練給我們以及與我們背景類似的人，以利培養藝術、文學和音樂的鑑賞能力。一個人若有本事「獲得」條件不如他的人拿不到的東西，那麼這種能力便在社會甚至是精神意義上具有價值，標誌著當事人的良好品味。那種受社會好評的鑑賞力是多年陶冶的結果，只有少數幸運兒能夠負擔得起，也使我們更容易被成員較富裕的圈子所接受。我們可以善用這些技能和關係，讓自己站上重視這些條件的位置上。如果能夠將自身文化素養轉化為享有盛譽的工作，我們的成功即被一種奧妙的氛圍環繞，讓身邊的人相信，我們配得上自己所得到的東西。

如果我們希望生活在一個給予所有成員平等機會的社會中，那麼造成不平等現象的罪魁禍首，就是人力資本的累積所導致的效應，這是應該解決的問題。這些效應也會使我們無法專注於更深層的人力資本問題：人力資本對積累過程的促成，最終會破壞我們（甚至包括那些得天獨厚的人）的目標。由於社會生產的一切都是為了滿足集體的需求和欲望，而不是為了滿足人們無償的工作和投資而產生盈餘，人力資本中的人性便受到了質疑。

批判理論家莫伊舍．普殊同（Moishe Postone）指出，資本主義必然競爭的生產過程不僅導致了大量商品的生產，也致使生產這些商品所需之知識和技能的增長，從而在物質與人之間建立了聯繫[59]。生產者試圖透過提高所僱用之員工的生產力來超越競爭對手。他們能以技術創新和更有效的工作組織，或是藉由提高員工的技能來達成此目標。這些策略都能讓他們向工作者支付現行行情的薪資，同時從對方的工作中獲得更多價值。然而他們獲得的優勢是短暫的，競爭的結果，促使其他生產者透過模仿策略成功追趕上來，從而重新設定生產力的社會標準。然後，下一輪科技和組織創新以及技能提升的競賽又開始了。

這提升了一個又一個部門的生產力水平，並且連帶降低了商品的價值。降價的零售商品，除了構成社會公認之生活品質標準的食品、住房、教育，以及其他商品和服務之外，也包括高生產力工作的組成部分，即技能、專業證照以及構成人力資本的所有其他要素，而這些要素同樣也令生產成本降低。不論雇主願意為這些技能付出什麼代價，這些技能的價值都會低於它們所貢獻之盈餘的價值。換句話說，人力資本雖被我們視為個人的特質和成就，但在積累的過程中也會貶值，從而貧化我們完整的人性。

貧化的人性被包封在稱作資本的技能、品味和能力之中：這是生產過程中的一種資源，其開發和運用都超出了我們的控制。「人力資本」在資本主義生產的背景下才有意義。將社會關係、技能、品味和能力，轉變為標準化和可衡量單位的正是這種動力，而且由於這些單位具有可比較性，因此可以相互替代，也可以被資本的物質表現形式取代，此即布迪厄所稱的「可互換性」（inter-convertibility）。意思是，只要法律、經濟和教育的結構及制度，將人力資本和物質資本的組成部分置於同等位置，這兩種資本就可以相互轉換。今天，我們同樣用「資本化」（capitalize）一詞來描述技能或人際脈絡，例如我們可以藉著取得知名大學的學位來「資本化」自己的良好成長經歷、藉著謀得高薪工作來「資本化」自己的文憑和技能、憑藉獲得高額信用貸款來「資本化」工作收入，或者以購買位於高級社區之可能有利可圖的房地產來「資本化」信用貸款，又或是為子女取得有用的社交人脈和教育優勢來「資本化」在高級社區的居住生活。

但是，像資本主義這樣的盈餘積累體系，是藉著阻止投資的完整價值回報來實現自我複製的。當我們想將人力資本或物質資本轉化為等價資本，卻無法順利而充分地利用這兩種資本時，就不難看出價值被剝削的痕跡。例如，即使對那些擁有豐厚人力資本的人來說，要謀得高薪工作和具可靠價值的財產也是不容易的。反過來說，即使是非常富有的人，也無法單靠花錢買來聲望。他們必須在長期的教育和培養過程中投入大筆資金，以獲得一些不那麼富裕的人可能已經擁有的人力資本。然而，人力和物質的投資，會以更具競爭力和無所不包的方式引發。正是在這種趨勢下，每個人都不得不為零星的回報做出更大、更頻繁的犧牲。

社會學家哈特穆特．羅薩（Hartmut Rosa）以「加速度」來形容這種趨勢：經驗與存儲的知識如此迅速過時，以致幾乎不可能預測未來哪些人脈和機會將具有實質意義。他稱此為「滑坡」（slippery slope）現象，靜止不動留在原地是不可能的。凡是不隨時努力讓自己的語言、服裝、通訊錄、社會認知、技能、裝備和退休基金保持更新以符合潮流狀態的人，都會發現自己已然過時了。[60] 面對已投資事物之價值的下跌壓力，讓我們不得不在其他地方更積極投資。但即使加強在人力資本上的投資成功了，這些投資仍較有可能只為我們贏得某種社會信用或聲望，不一定能在往後某個時間點賺到錢。

我們無法遂願的情況反而更常見，例子比比皆是，不過我還是堅持留在布迪厄的框架，只談論教育和文化。如果以前從學校獲得的文憑是有酬職業的敲門磚，現在肯定不再是這樣了。教育和培訓計畫使用認證制度來維持收入水準，致使某些職業對普通大眾關閉大門，並要求「劃界投資」（boundary-making investments）。但是，有抱負的人以及爭取相同職位且有教育和專業背景的對手，所施加的反壓力已經強烈到某種程度，以致大約半個世紀以來，在許多發達經濟體中，工作機會的專業門檻一直向上提升。證照不再能保證豐厚的收入，因為相對於各方期待的就業機會，這些證照的種類實在太多了。[61]

同時，透過不斷創新和快速調適來維持盈利的壓力，也使生產變得極其靈活，令就業市場變得不穩定，導致技能很快就過時，資格再無用武之地，而今天流行的實習和培訓課程也無法擔保什麼，因為等到我們付清學費的時候，所學的內容也已經沒有用了。為滿足不斷變化的工作要求，需要不斷投資各種尖端技能。職涯階級被績效導向的報酬所取代，而工作也與累積的資歷和地位脫鉤。靈活、有創造性的新工作與聲望和報酬之間，只有不甚緊密的關聯。證照成為營利性的投資產品，用來滿足消費者的需求，然而這種需求與可提供的就業機會相去甚遠。證照未能帶來穩定的收入，意味著越來越多有志者為自己挖出一個日後幾乎沒有機會回填的學貸錢坑。62

文化成就並不像教育一樣被制度化，但是也面臨類似的困境。以前在一段時間裡，人的身分地位可能真像布迪厄所描述的那樣可以預測，只要投注時間和金錢就能培育出文化的精緻素養，並以此強化鑑賞家的優勢。但是，所謂的高級文化不再產生可預見的回報，有時候，追求高級文化似乎比追求財產更不令人嚮往。觀察戰後年代的評論家提奧多．阿多諾（Theodor Adorno）和馬克斯．霍克海默（Max Horkheimer），長期以來一直對世人熱衷於文化活動的盛況感到驚嘆：「彷彿害怕自己錯過了什麼，卻又不知道錯過的東西是什麼。」他們警告，我們在後果自負的情況下，消費據稱其價值不言而喻的文化。[63]

悲觀的論者哀歎多年來培養出來的文化成就價值下降。他們抱怨只靠同儕團體的風尚來衡量自己的人，抱怨文化不再讓我們擁有以經驗積累、品味培養和慢活歡愉為特色的成熟人格。[64]其他人則斷言：為了在備受推崇的圈子中展現能贏得聲譽的文化涵養，我們現在必須學會折衷，甚至養成雜食習性。我們再也不能坐下來享受早年培養起來的品味。相反的，我們必須注重多元化以保持文化水準，用流行音樂來調和我們對古典樂的素養，或是用最新的暢銷書來調和我們對文學經典的掌握。只有藉著不斷地觀看、聆賞、閱讀和學習（亦即透過再投資），我們才能在下一次人家談起什麼文化話題時，也能表示知情地點點頭。這與金融化的財產一樣，要靠努力不懈的再投資才可能使我們不落人後，而且即使做到那種地步，也不能保證我們的努力必然會開花結果。[65]

如果我們認定為增加人力資本而做出犧牲是必要的，就會對上述的現實視而不見。經濟學家喜歡「增加人力資本」這種說法，因為這似乎讓我們都成為能將所掌握的資源做交換或最大化利用的準資本家。其中一個弦外之音是：如果我們貧窮、失業或掙扎求活，那是因為在教育和技能發展方面的投資不足。技能對我們而言至關重要，因為我們透過那些技能獲得認同。我們的社會地位（以及我們對自己的感受）都反映在這些文化、教育和社會成就，以及隨之而來的自尊中。[66]因此，人力資本將我們與積累過程緊密綁在一起，並根據品味與技能對獲利的有力程度，來決定其價值。正如評論者所指出的，這個概念忽略的是在對特定形式的人力資本評估時，所出現的權力和剝削。[67]人力資本隱藏了我們投資不獲回報的事實，一如積累過程也隱藏了一個事實：利用我們因爭奪日益稀少的資源而互相對抗，來產生越來越多的投資。

在需要爭奪收入和地位的地方，我們在面對取得物質和非物質的壓力時，做出了勇敢的嘗試以實現人力資本的承諾。其中許多嘗試都成為促進人力資本和物質資本可互兌性的社會和政治策略，並設法利用其中一種來追求另外一種。在公共部門裡，這些嘗試可能包括向政府施加壓力，敦促其制定教育指導方針，並保證標準化的學校教育可以帶來足夠的收入。在私人部門裡，則可能出現創建結合良好基礎設施與優良學校的住宅環境等嘗試。住房翻新、公民活動和學校教育策略，能將選定的社區變成養育孩子的好地方。我們聚在一起，卻又因這些嘗試而有所隔閡，我們的痛苦證明了社區的脆弱性。然而，我們還是將這居住地稱為「社區」，以表明自發的團結，而這團結本身就具有我們可以利用的價值。這個標籤掩蓋了激勵我們努力並限制其成功的結構性力量。[68]這種社區的一致性通常來之不易且具有暫時性。從這個角度來看，我在西岸定居點目睹到的社會衰落，可以解讀為定居者注定無法維持這個願望。

人力資本就像其他資產一樣，其價值在一段時間後就會被抽離，不可靠的回報會滲入到投資於其中的人際關係中。我在西岸定居點目睹到籠罩在第一代定居者成年子女身上的焦慮感，絕對不是偶發的現象。他們沿著其他被認為是發達經濟體新中產階級的道路前進，然而當物質優勢變得越來越昂貴、回報越來越低，大家對人力資本的重視程度也就越高。無論是否利用社區作為手段，對於人力資本的投資往往是長期的，並且會向下影響好幾代人。由於人力資本在很大程度上依賴父母對子女的投資，因此會將維繫家庭情感的紐帶融入其中，而這些紐帶也必須調整以實現人力資本的投資。人力資本投資的高強度和不穩定結果，可能會磨耗家庭關係，使其變得黯淡無光。

要談論人力資本，不可能不談到家庭。若想觀察人力資本邏輯如何重塑家庭成員關係的紐帶，可透過民族誌方法對家庭進行研究。所謂的全球中產階級往往是藉由對夫妻關係以及對兒童的撫養、教育和培養的固守來落實的。根據描述，他們須承受家庭關係以及家庭成員有能力追求其他目標時所造成的壓力。[69]對美國家庭內部所進行的民族誌研究，即尖銳地呈現了家庭為增加人力資本而做出的瘋狂舉措，以及對家庭生活所造成的損失。

例如，《快速前進的家庭》（*Fast-Forward Family*）一書忠實呈現了父母的擔憂：他們認為自己所有的行為，哪怕看起來再怎麼微不足道，都會影響孩子的前途。[70]該研究追蹤以家庭為中心的消費文化，滲透到平日生活中的耗能需求，而許多任務和家庭瑣事需要嚴格的時間管理。雙薪家庭的夫妻因分工而承受著情緒的耗損，同時又渴望自己的貢獻能獲得認同並握有一定程度的自主權。他們還希望孩子能享受無憂無慮的童年，同時緊張地干預他們的學校教育和課外活動。這些父母雖然痛苦地意識到專家們對於過度介入的警告，但仍然非常關注孩子的人生能否成功，以至於他們幾乎沒把這當作是一個需抉擇的問題。

《比以往更忙碌！》（*Busier than Ever!*）一書讓我們認識了另一種無法放慢速度的美國家庭。[71]這些家庭在安排他們的工作和孩子的活動上，陷入了補給和應對策略的困境。他們討厭這些細節並認為毫無意義，追求效率的壓力會令人感到沮喪。由於這些家庭把工作和家庭生活的不同面向，劃分成各自獨立的幾部分以應對壓力，他們被剝奪了在統一的道德觀下，將不同領域和生命階段聯繫起來的資源，更不用說反思自己的情況以及想像替代方案的能力了。從外部研究這些家庭的民族誌學者下了結論：中產階級家庭的生活始終不間斷地在做時間管理，而不是在取得進步，但這種做法不一定會對這些家庭的未來造成重大影響。

人類學也可以藉由觀察那些在塑造的關鍵時刻、被我們認為理所當然的事，將伴隨瘋狂活動而來、看似缺乏替代方案的現象加以相對化。珍妮・柯立爾（Jane Collier）對西班牙南部一個村莊所執行的人種學研究中，揭示了一些改變家庭關係的力量。[72]柯立爾在一九六〇年代以一位年輕女性的身分在西班牙做了民族誌的實地考察工作，然後在二十年後再回到同一個村莊進行更多實地考察，結果發現發生了改變。在六〇年代，鄉村經濟圍繞著農業發展。土地財產是村民們對付當時經濟壓力的重要堡壘，不同的財產條件是其中一些人比其他人能更有效抵禦這些壓力的原因。但到了八〇年代，農業不再提供可靠的收入，而且村莊已經失去了半數居民。他們為了求學和謀求正式的職業，遷居到資本化程度更高之經濟體的城市。

二十世紀初出生的村民，將家庭命運歸因於每個成員所繼承的財產、嫁娶對象的財力狀況以及財產的管理方式，而出生於二十世紀較晚時期之同一家庭的成員則認為，自己所謀得的工作才是影響命運的主因。到了八〇年代，即使是該村最富裕的居民也必須工作，因為他們認為工作可使自己變得富有。的確，任何表現出色的人（包括那些因為人際關係而謀得工作的人）都堅定相信，這種成功源自於他們的技能和工作質量，其他人也知道，如果提高生產能力，便可改善自己的命運。現在和以前的村民都擁護同樣的信念，儘管他們當中大多數人都明白，相對於在都會地區長大的西班牙公民所享有的龐大就業網絡而言，自己是處於不利地位的。

這些經濟變化改變了家庭關係和思想模式。在六〇年代，鄉村孩童除非品行不端，否則大多會被忽略，父母致力於不讓孩子的行為危害到具有財產繼承權利的結婚機會。但是到了八〇年代，隨著人力資本成為生活中取得成功的主要手段，家庭已成為以孩子為中心的場所。現在，父母被認為有責任培養子女的技能和鑑賞力。這些孩子也開始體驗到獨特渴望和能力的表達，而這些渴望和能力將來有可能轉化為生產活動。他們覺得自己比父母那一輩更自由、更不受傳統約束。

這些變化給人們帶來即使環境不利也要表現出色的壓力。在六〇年代，家庭財產皆在父母的掌控下，直到他們過世。父母與孩子的經濟利益是相吻合的，他們都須維護並提升利益。到了八〇年代，父母對學校教育的花費失去控制，因為孩子可以追求父母鼓勵以外的目標。

柯立爾寫道，現在的父母被迫求取孩子的愛戴，而不是像他們父母那樣，要求孩子尊敬自己。她特別探討母親的角色：母親的地位據稱已經從昔日的父權制傳統中解放出來，然而，與她們自己那些能和丈夫分享財產的母親相比，現代婦女對丈夫更高的收入能力和信用等級的依賴程度卻大大增加。她們也不得不擔心丈夫的健康和幸福，就像她們不得不擔心子女的一樣。同時，婚姻變成了一個人們必須不斷努力的脆弱專案，而不是一個可以委託終身的穩定制度。此外，成年人發現自己必須向年邁父母保證會照顧他們。因為老年人害怕被遺棄，並把孩子對愛的抗議，視為將個人欲望置於家庭責任之上的證據。

不管在何處，當父母想要透過物質財產傳遞其優勢的做法顯得較為困難時，人力資本投資就變得越來越重要。但是，除非財產價值突然產生劇變，否則物質遺贈的結果是比較容易預見和控制的，人力資本則不同，會不斷變動。父母不能單純地將人力資本交付給子女，他們必須在孩子的教育和培養上進行多年的投資，接下來還需要孩子自己再進一步投資。這些投資的成果，在數十年間只能零零碎碎地轉變成物質現實，並受到這些孩子的任性舉措和經濟潮流的影響，因此是無法預測的。隨著這樣的投資流傳了好幾代，其塑造了家庭關係，並反過來被家庭關係塑造。

近年來，有很多人討論到，年輕人過去常常利用住房補貼、教育補貼等公共資源來改善自身生活，但由於這些資源被刪減了，家庭的重要性又開始迅速增加。學者曾經藉由國家福利體系支持「去家庭化」（de-familialization）的程度或個人脫離家庭的財務獨立程度，來衡量國家福利體系。現在，其他人則發現到「再家庭化」（re-familialization）的相反趨勢。[73] 例如，有一些三十多歲的人搬回到父母的住所，這證明了在沒有家庭支持的情況下，生活會變得多麼困難。談論家庭的價值觀，掩蓋了實際的困難。這種說法將家庭的愛和責任，與家庭負債及其相關事務放在等量齊觀的地位，使那些家庭能夠集中資源以證明自身優勢。這還鼓勵資源較不充足的人向家人尋求經濟幫助，而不是求助於公共資金。[74] 為了應對經濟和情感壓力，父母現在比以往任何時候都更願意投資子女，但這個一度是培育雄心壯志人才的處所已經沒落了。

在以下調查報告出爐並受到廣泛討論之後，以色列家庭所承受的壓力已經開始引起公眾的關注：高達八七%的以色列父母，會幫助其成年甚至已組成家庭的子女，支付經常性和臨時性款項，因此被譽為中產階級的氧氣罐。[75]「家庭投資對家庭關係有何影響？」這個問題引發我的好奇心，因此便以被金融部門這個當代資本主義最強大的機構、所普及的理想化形式來加以觀察。我切入的角度是其意識形態武器：「金融掃盲計畫」（financial literacy programs）。如今人們被指導如何管理自己的財務，並對財務決策的結果承擔責任。在金融化的經濟體中，他們並不在乎自己經常別無選擇，只能承擔債務和投資。儘管他們在進行投資時可能很聰明，卻對投資的結果少有能力控制，但這當然是重點：讓他們承擔起他們寧可不要有的負擔。

決定我們支付房屋最終價格的可變利率抵押貸款、威脅到退休金價值的機構性投資，以及會影響工作、儲蓄及財產之易發危機的市場，在在都使我們最努力想實現的事情面臨風險。在如此動盪的氛圍中，金融教育是每個人都被鼓勵進行的一項投資，在公共和私人論壇上屢被提及，例如網站、讀者問答專欄、學校、工作場所、民眾活動中心舉辦的講習班和研討會，或者見之於——在以色列最普遍的——通俗雜誌的文章和電視節目。[76]

電視節目追蹤那些在財務問題上掙扎的人的命運，同時又有專家引導他們走向財務啟蒙，這種電視節目都與整個家庭相關。單身家戶從來沒有受到正視，因為這類人偏離了預設的理想。闡明這個理想的方式有很多種，包括節目中對孩子的關注，以及刺激父母的投資意願。父母會遵循顧問提出的建議——減少消費，例如將信用卡的數量減半並且停止訂閱有線電視頻道，以幫助孩子過上幸福生活並為他們留下一些東西。這東西通常是一棟房子，其價值從來沒有以多年來在抵押貸款中投入的資金做詳細計算。孩童也是鼓勵承擔企業風險和長期儲蓄負擔的刺激因素，父母對孩子的熱愛以及這些節目中呈現的一切背景都受到了鼓勵。

就像在不同的歷史階段中，宗教會拿「報償推遲到來世」的說法來撫慰因社會不公正而受害的人那樣，父母也藉由子女將投資的回報推遲到無限的未來，從而分散父母對自己或許能力不足的注意。與其對投資的進展和回報做出詳細估算，父母只讓自己被孩子日後能過上更好生活的前景所感動，然而這種改善如何實現以及何時實現就不得而知了。[77]但是父母們都知道，如果不投資教育和住房，他們的孩子所處的地位就會比其他孩子不利。理財建議會將他們的擔憂，轉化為透過常規管道替孩子的未來進行理財的做法。這是一種強大的手段，可以使那些可能會浪費或積攢金錢的人將其投入流通。

婚姻關係具有脆弱性和爆炸性，這與親子關係正好相反。夫妻會爭吵、打鬥，互相指責對方不是或陷入沉默的抗議。他們有時也嘗試（甚至設法）重燃愛情的火花，即使這只是一兩段插曲，但他們畢竟努力過了。他們在財務上與婚姻上的成功之間幾乎沒有區別。他們做出的最重要決定——一起生活、生兒育女、買房、搬遷、工作或度假——

全部被視為投資策略。他們的成功取決於在金融理財領域所發揮的相同品質：責任、遠見和機智。婚姻本身就是一種投資。如果追溯這段關係，當初開始時，雙方勾勒的應該是安全或優渥的未來。婚姻生活於是代表了為實現此前景而投入數十年的奮鬥，如果該前景未能實現，那麼配偶就成為令人失望的對象。

配偶任一方如果在嘗試獨立完成某些家庭任務，或是接手其配偶通常扮演的角色時失敗了，就得面對彼此互相依賴的必要性。他們被要求必須彈性調整工作和家庭責任、合併銀行帳戶，並在彼此的買賣計畫中進行投資。進行為期三十年的抵押貸款購買房屋，並以不落人後的人力資本養育孩子，至少需要夫妻雙方都是堅定的在職投資者。夫妻被教導要接受這一點，並將婚姻當作合資企業來投資，首先是有感於對子女的責任，但同時因為自己選擇對方作為婚嫁對象，等於對婚姻的潛在價值押了注。

其他親戚如果可以促成而不是妨礙投資，也能夠精打細算地承擔風險，就會很受重視。窮親戚通常被視為負擔和債務。但是在這些計畫裡的以色列人，親戚更經常提供寶貴的資源，例如給予貸款和禮物、提供小孩照護和臨時住所、擔任抵押貸款的擔保人等等。如果他們提供的幫助造成已婚夫妻的懶散、不思上進，那麼這種親戚將被視為阻止他們步入獨立狀態和成年身分的障礙，但如果這些幫助催化了積極主動的態度，例如為夫妻提供創業貸款擔保，或協助支付購屋的頭期款，他們將被視為家庭不可分割的一部分而受到歡迎，並且被邀來規劃該家庭的財務方向。

回顧一下柯立爾在西班牙村民身上發現的緊張狀況，也就是投資在配偶和子女身上後，卻不知道回報在哪裡的狀況，類似的焦慮也出現在以色列家庭中。財務顧問會確定對其不利的影響，並且以更加友善投資的方式來引導情緒。家庭和婚姻關係的偶然性才是關鍵，因為那預示了中產階級的相同特性：一種將「陷入困境的工作者」描述成「樂意投資者」的意識形態，也就是「社會流動性操之在我」的意識形態。如果要透過無止盡的投入來擴大積累，一個人在社會上的地位就不會一成不變，同樣的，如果希望人際關係能夠促進經濟增長，那就不能建立在義務和傳統的基石上。一個人與配偶、父母或兄弟姐妹等最親密的關係，反而因為必須立足於不穩固的基礎上，所以需要進行經營、重組和「投資」以發揮潛能。

在激發人們對財產和人力資本的金錢投資上，愛與奉獻占據了核心位置。物質和非物質財產，將配偶和父母從家庭範圍中消耗的資源，引導到全球市場的中介機構裡，並由這些機構決定其價值。由於家庭關係脆弱，以及家庭成員的支出所產生的回報不可預測，因此透過財產和資本對配偶和子女進行的投資必須持續進行，從而有助於積累。

在本章的開頭，我觀察了西岸定居點物質條件走下坡的情況，如何反映在代際焦慮

（intergenerational anxiety）上。希望到目前為止，我已經證實這種關聯（也體現了其他社區和家庭雄心勃勃的投資）乃源於增加及利用人力資源的嘗試。這些努力注定是不足的，因為它們是為了產生超過潛在回報的盈餘，而在經濟上必做的事。如果中產階級的意識形態，將我們描述為雖處於被支配地位的工作者，卻仍將自己視為能操縱工作、時間和資源的投資人，那麼人力資本即是其最親密的體現。作為在競爭環境中尋求優勢，並且防範劣勢的一種激勵措施，人力資本迫使我們接受積累的過程，而這個過程指揮著我們的日常活動，並且滲入了我們最親密的人際關係之中。

第四章

後會有期了價值觀，再見了政治

We Have Never Been Middle Class

在前面的章節，我為「中產階級是一種意識形態」的概念提出充分理由。這種想法將人們的注意力，轉移到由投資驅動的「社會流動性操之在我」的觀念上，掩蓋了工作貶損人格的事實，以及承受這種貶損後果的人道困境。那些不得不為生活而工作的人，是最相信這種意識形態的，因為他們仍然為未來投入更多的工作、時間和其他資源，花費掉的超過他們立即消耗掉的。被稱為「中產階級」，意味著他們被鼓勵將這些支出視為自己的選擇，並將財富視為這種選擇所產生的結果。在競爭環境中，寶貴的資源變得稀缺，也難以獲得持久的收益，這種投資令某些人得以受益的優勢，正是為何某些人成功、而其他人卻落後的合理答案。那些信服這種觀念的人有充分的理由加倍努力，以保護自己已經擁有的東西，並獲取自己尚未擁有的，且通常希望能高人一等。

然而，令人驚訝的是，以全球所謂的中產階級為研究對象的學者，證實了這群人是世界人口中在政治上最活躍的群體。[78]這個事實本身不足為奇：擁有投資本事的工作者，也有表達抗議的本事。為了追逐利潤而剝削工作者和榨取自然資源，結果引發社會衰退和環境惡化，因此並不缺乏可供抗議的事情。各個社會群體之間的脆弱性差異很大，因此，某些群體遭受這些發展的傷害要比其他群體遭受的傷害更大。儘管如此，這些傷害仍折磨著世界上跨越種族、性別和國籍鴻溝的大多數人。因此，有一個強而有力的論點是：抗議所代表的百分之九十九人口，其廣泛性與被理想化之中產階級的廣泛性是相互呼應的。但是，如果抗議活動陷入了象徵中產階級的「投資操之在我」的精神中，會發生什麼事呢？

在本章中，我將仔細研究與中產階級意識形態相匹配的政治和價值觀。我會談到抗議行為和公民運動，並且討論各界針對隨資本主義產生的政治批判思想。首先，我分析了美國對於政治和價值觀念的幾種表述，然後再根據自己的人種學研究，對它們在德國和以色列的呈現進行審視。這些例子將展示中產階級以投資為導向的自決意識形態，與激進主義者最終目標之間衝突的各種方式。

從最近的全球抗議運動切入似乎是正確的。根據政治學家法蘭西斯・福山（Francis Fukuyama）的分析，這些都是中產階級革命的組成部分。[79] 他將埃及、突尼西亞、土耳其和巴西等地的暴動，歸因於全球新中產階級的興起。這些地方大多數的抗議者，既不是富裕的菁英階層，也不是貧窮的低下階級，而是一些已投資於教育或是就業市場取向之技能的年輕人，在某些情況下甚至還包括已投資於財產的年輕人。他們對政治現實感到不滿，因為政治現實未能滿足他們對日後就業和改善物質生活的期望。身為有抱負的投資者，他們本來可以從良好政策的制定和落實中受益，然而政府不但可以沒收他們的財產並使他們的投資血本無歸，惡劣的政策更令他們蒙受沒完沒了的損失。[80]

福山認為，近來中產階級的抗議活動即在提倡保障投資的政策，因而加以鼓勵，但他這樣的樂觀態度後來也有所冷卻，因為他發現中產階級無法取得他們自己所設想的進步。在某些國家，抗議活動結果成功推翻了腐敗的政權，讓市場力量得以從內部引導社會，消除以前獨裁者自上而下發號施令的影響。福山不願將失敗情況的演變歸因於人口命運的缺乏改善，而是寧願歸咎於這些國家裡中產階級與非中產階級多數的廣泛結盟。他將這些多數與最終贏得勝利的保護主義議程連結在一起。

無論是歸因於哪個社會參與者，發展中經濟體的實例都支持了保護主義。這些實例直指工作相關機構的脆弱性，以及偏低的正規就業比率。沒有這些社會安排，心懷不滿的民眾就缺乏持續抵抗的體制的支持。因此，發展中經濟體的政治，已在很大程度上形成了對財產權和保護財產的爭取。藉由積累財產和聲望而設法擺脫貧困的人，更有可能捍衛自身利益，以免受強勢的菁英或是民粹主義統治者的侵害，而窮人的困境則已透過鞏固其從屬地位的福利措施得到解決。因此，這些國家的收入增長絕非邁向民主的現象。被福山和其他人認定為全球中產階級中的有錢人，正與弱勢同胞進行分配上的鬥爭，他們要求秩序和穩定，而不是全面的政治權利。[81]

這樣的看法很難掃除「資本主義擁護者的政治可能存在一些弄巧成拙的成分」的觀念，但其實很久以前，一些政治思想界中最有洞見的思想家即已暗示這可能是事實。一九一九年，社會學家馬克斯・韋伯（Max Weber）在慕尼黑為學生會成員講授如何從事政治參與。〈政治作為一種志業〉一文乃脫胎自他那次演講的筆記，通篇都在強調暴力之不可避免。[82]在回顧過去的政治運動時，韋伯觀察到兩種不同的動機。那種不惜一切代價奉行堅定不移的信念，可以推動政治發展。基於信念的政治令人陶醉，但通常會導致災難和流血。對個人行為的社會結果富有責任感，也可以推動政治的發展。然而，被認定為實現該構想所必須採取的強制手段，卻牴觸了旨在實現共同利益的努力。韋伯提出警告，願意投身政治的人都不可無視這些矛盾。

在一九三〇年代每況愈下的動盪中，德國猶太籍的批判理論家馬克斯・霍克海默寫下了〈利己主義和自由運動〉一文。[83]他可能沒有讀過韋伯所說的那種矛盾現象，即價值觀與現實相衝突，政治抱負只能藉由暴力來實現，而這也是他所謂資產階級社會的一種症狀。在資本主義的生產方式中，人們只能藉著交換實體的物質資源來滿足自身需求。為了利潤最大化而採取的生產和訂價方式會造成人為的稀缺，使得人們在住房、教育、一系列的商品和服務、工作和聲望地位等各方面相互競爭。這些事可以經由工作和財產收入來實現，而收入和資產的價值同樣是由競爭來決定。一旦失去了集體支持的手段，人們就會被孤立為自己個人利益的承擔者，被迫在這種交易中自生自滅。他們彼此之間的態度可能是關心或敵對，因為私有資源的必要交換，使他們在支撐家庭的日常奔忙中處於對彼此冷漠的狀況。在這種環境下，無論是大富大貴或是勉強度日，都需要不計其數之利己主義的優先考量。

這種優先考量並非有趣的事，因為無論他們優先考量什麼，大部分人都享受不到持久的愉悅感和安全感。人們執行工作並進行交流，只因為受到組織了資源所有權、生產和流通之機構和制度的強迫。如果他們採取一種冷硬、工具性的利己主義，便可以讓自己的工作變得更有效率、更經濟，從而用平靜的割捨代替享樂的追求。在資本主義的博弈中想成為脫穎而出的參與者，意味著壓抑享樂主義的胃口，以服務於市場決定的自我發展、政治決定的共同利益，或僅僅為了壓抑而壓抑，因為一點點的自我克制本身即被視為一種美德。

然而，當一個人不熱衷於根據情況需要，而保持自我關心和投機取巧的態度時，孤立和競爭就會產生衝突，而且這衝突不僅發生在人與人之間，也在每個人的心理內部。哲學、宗教和倫理（霍克海默分析了主流思想流派）反映了這種內心的衝突。一方面，人們受到資本主義加之於自身觀念的影響，認為自己天生就是為了追求自我利益而活。

另一方面，他們又似乎克服了利己主義，展現出與上述觀念相反的傾向，而且此類舉措會被奉為美德，並且作為其他人效仿的榜樣。人們以這種方式根據道德原則來衡量自己，而那些道德原則卻與他們必然變成的樣子正好相反，從而以不切實際的理想主義損害了自己。

霍克海默追溯了利己主義、自我克制和理想主義在政治運動中的糾結，而這些運動常與宗教改革和法國大革命有關。領導這些運動的菁英分子無力親自推翻封建或君主制的勢力，所以必須招募那些弱勢的人來為他們打仗。他們起初允諾為人民提供更好的生活條件，而最終執行的政策都是藉由推翻腐敗的領導層、擴大私有財產制和提高行政效率來支持資本主義。儘管這些政策與之前的階級制度相比具有進步性，但其實只是重新定義了社會的不平等，而非將其根除。如今已經不再是社會地位的問題了，而是根深蒂固地變成幸運的財產擁有者與多數無財產者之間的鴻溝。對大多數人來說，為資產階級的自由而奮鬥，意味著反對自身的福祉，是和自己過不去的舉措。

這些政治的模稜兩可在人本主義意識形態中體現出來。人本主義主張人類要作為自身命運的創造者，並將尊嚴歸因於人們的自決權、在世界上的行動能力以及掌握自己生活的能力。然而，倡導人文主義並渴望體現人文主義的同一批人，在操控市場動態時會受到無數限制，這些市場動態決定他們對資源的運用，並使他們面臨貶抑和損失。根據霍克海默的悲觀判斷，「社會時時刻刻證明，應得到尊重的只是境況，而不是人。」[84]他認為，人本主義的理想距離現實經驗越遠，人們就覺得自己越可憐。

幾個世紀以來，霍克海默所描寫的那種貧困群眾的運動，與如今成為頭條新聞的那種運動之間變化差距很大，後者包括了學者所說的「中產階級」或是「多數階級」的運動。[85]自我克制的精神不若以往風行，為共同利益而犧牲的觀念也已經過時。然而，利己主義與人本主義、自利與理想主義的不和諧共存，似乎比以往任何時代都更具彈性。在韋伯和霍克海默之後，我們可以藉由反思那些理念所源自之就業、所有權和交換的結構，來理解那些理念。

歷史學家勞倫斯・格里克曼（Lawrence Glickman）自十九世紀末以來對美國工人的研究，就是這一探索的合適開場。[86] 在工業化浪潮迫使人們放棄自己的農場和作坊去為他人工作之後，過去尋求成為獨立生產者的夢想便破滅了。男性工人開始接受自己成為「受薪奴役」的事實，起初是不得不屈就，後來則是靠降低自己原先的期望來達成。他們放棄了經濟上的獨立性，只要確保自己能獲得所謂的「生活薪資」（living wage），即滿足他們作為養家活口的人和消費者所需求的報酬就可以了。

政治上的重新定位並不就此停止。直到第二次世界大戰後，生活薪資才被當成能夠讓這些工人養家活口、維持自尊、有辦法、有休閒時間參與公民生活的標準。但是，為了獲得更多消費品而犧牲掉生產的獨立性後，工人如今只能依靠市場來滿足其物質需求。他們再也不能從邊緣抗拒就業和分配的結構。由於身處競爭之中，他們開始進一步細分為利益小團體並重新考慮自己的目標。對於較無特權的人而言，生活薪資被重新定義為最低工資，而較有特權的人則渴望領取能讓他們購買更多東西的收入。格里克曼告訴我們，企業領袖由於體認到大眾消費的經濟好處，因此歡迎這種渴望，而由工人轉變為消費者的人則逃避政治參與。

工人、雇主和企業領袖之間那依消費能力為標準的生活水平，所建立起來的共同基礎也影響了其他國家工人的抗爭。在工人放棄了他們最雄心勃勃的要求之後（通常是在他們的權力令上述基礎減弱後），這些結盟關係的條款才被重新訂定。社會保障是最著名的例子。二戰後，西方民主國家需要在經濟蕭條和共產主義威脅的背景下支撐經濟。

他們制定的福利措施，是工人對維持生活水平所提要求的結果，再加上藉由安撫工人並將他們轉變為消費者來提高盈利能力的新策略而達成的。工人的儲蓄透過社會保險以刺激需求的方式進行投資：增加收入、提供就業並為發展提供資金。這些措施一直都很有效，直到高就業和高需求共同為企業盈利能力帶來巨大壓力後才有所改變。從一九七〇年代起，由於金融管制放鬆、私有化以及公共保護傘的撤銷，上述措施才因國家而異，被削弱到不同的程度。工人組成的工會破裂，討價還價的能力減弱，而公司為求有效運作，便降低工作薪酬，因而導致工人大量過剩。87

在美國，一個人的社會地位長期反映並強化了消費選擇，未受保護的工人陷入政治的泥潭：一些制度結構令他們賴以維生的產品和服務價格變得便宜，但這也與降低其工作薪資的制度結構捆綁在一起。跨國零售企業沃爾瑪（Walmart）就是這種糾結現象的縮影——無論該公司拓展到什麼地方，現行的薪資率都會下降。他們要求工作者放棄更高的薪資，以實現一個更寬廣的社會目標，亦即為所有人（包括其家庭成員）提供低廉價格。沃爾瑪設法說服廣大的美國公眾，參與關於低廉物價與低薪之間權衡取捨的全國性討論。這種框架不僅鼓勵人們完全以消費者的立場看待自身利益，同時強調，負擔得起消費也是愛國表現。[88]

消費者的利益使美國工人受制於公司和市場，因為這些公司和市場所提供的資源，將幫助他們達到預期的消費標準以及對未來的需求。該結盟關係削減了集體優先事項和重新分配政策，進一步侵蝕了公民的權利和要求。消費透過表現差異、個性和個人抱負等方向，來標記人們的社會地位。這些方向反過來侵蝕了他們集體的力量、中央化的組織以及共同利益。這使得在美國發生的「占領華爾街」社會運動的規模更加令人矚目。但是，「占領華爾街」運動所表達的包容性和統一性願望，也壓倒了抗議者作為消費者和投資者位置上的社會分歧。最終，這些分歧使得共同動機被消費主義論述、新自由主義論述和發展論述所劫持，從而削弱了運動的集體力量。[89]

如果說馬克斯・韋伯對信念倫理和責任倫理進行了分析性的區分，人類學家喬爾・羅賓斯（Joel Robbins）則讓人們注意到每種倫理所關乎的情況。[90] 對個人行動的後果負責，只有在社會環境足夠穩定、而這些後果可預測時才有意義。但在今天，我們最重大的行動卻陷入了制度體系的現實中，這些現實會以我們未曾想過的方式引導這些行動的表現和影響。因此，我們更加一致地習慣於「什麼構成了美德或罪惡標準」的明確指導方針。羅賓斯證明了這種情況發生在宗教的信奉者間，但那些人只是一般通則中的極端例外，因為我們這時代的精神是向內尋求道德指導，而不是雄心勃勃地去蹚政治計畫的渾水，畢竟其結果超出了我們的控制範圍。

為了確保我們的未來並照顧到家人，我們投資於財產和人力資本，使其具備與他人相較之下的優勢。當我們出於愛去關注與自己關係最近的人，或出於良心的選擇去照顧關係與自己較遠的人時，我們都意識到這種舉措會讓我們不得不犧牲一些東西。當我們做出超越了實用主義和功利主義的選擇時，其中必存在著自我克制，而且它在這些選擇上占了很大比重，並豐富了這些選擇的意義。在資本主義的背景下，選擇的自由是在面對壓力的情況下行使的。我們遵循道德指南針的一種方法是：堅持我們能夠合理地採取道德立場，即那些具有立竿見影和自證無罪效果的立場，而且其正直性直接被這些立場產生的自我克制所確定，同時避免付出看起來既幼稚又牽強的高昂代價。

面對岌岌可危的狀態、機會的缺乏、脆弱的保護傘以及生活水準的下降，我們有必要對家人負責，並投入時間和資源為未來預做準備。但是，我們之中有些人只是以較小規模在社會和政治上活躍。所謂的中產階級不僅與政治抗議活動有關，也與基於價值觀的志願奉獻精神以及公民行動相關。他們是美國價值觀權威研究中的主要角色。[91]就像抗議和暴動一樣，有能力為貧困者做些事情的人自不待言也會這樣做，但也如同政治，中產階級意識形態框架內的行動主義具有獨特的形式。

我們總愛想像周圍的世界以某種方式反映了我們的道德價值觀。當我們將某一特定社區的宗教、多元文化、消費主義、自由主義或保守主義等特質，與居民的價值觀聯繫起來時，就是我們所假定的。但是仔細檢查之後，我們總會發現有些居民的性格與公開認定的那些大有出入。當那些居民可以自由表達心聲時，這種不一致性可能令人產生違和感。然而，個人觀點與現有之道德結構間的緊張不是偶然的，而是價值觀本身的特徵。

一般相信，在前資本主義的社會中，自由是稀有的奢侈品，因為人們不得不屈服於強勢統治者的要求，並遵守統治者所制定的法律。集中的權力和階級制度還規定了這些社會應該生產什麼商品、如何使用商品以及流通的條件。相比之下，在資本主義的制度中，私人所有者和生產者之間的競爭加劇了積累，社會資源則根據市場交換的決定因素而被評定價值。商品的生產和交換以及社會與其制度的再生，似乎是從個人的自由交易中、從人與人之間，以及與周圍事物之間的互動中自然出現的。

我們在該體系中的行為模式，很大程度上反映了我們的衝動和意圖，而不是對遵守外部施加之權威的考量。這通常就是個人自由理想的含義。[92]然而，這種自由是十分模稜兩可且受限的，因為我們對生產什麼樣的東西沒有真正的發言權，不能控制那些可以表達自我品味和欲望的事物（如市場及其附屬結構和制度等等），也無法塑造社會關係或引導這些結構所產生的經濟趨勢。儘管我們可以自由表達自我，但從社會的角度而言，我們以有意義的方式行使這種自由的能力是有限的。

價值觀是一種獨特的道德，與責任感或個人私德不同，因為價值觀反映了一種沒有力量的自由。價值觀不受外部支配的約束，也沒有預設的內容，體現的是選擇的自由。價值觀可以被信奉或揚棄、維持模糊或是消極狀態。而且，正是因為能在不同價值觀之間進行選擇，我們才能最深刻地體驗到自己的自由。[93]但是，價值觀也沒有付諸實現的義務：即使沒有內容和重大意義，也可以主張價值觀。我們總是可以聲稱自己是受價值觀而不是受利益所激勵，而且不需要再採取後續行動，即使價值觀處於不作用的狀態、被其他考量因素掩蓋或是不太可能產生預期結果時，我們仍可做同樣的主張，這正是促使德國哲學家尼采（Friedrich Nietzsche）以譴責的態度重新評估價值觀的原因。由於價值觀自外於敵意的現實，所以他才描述其「散發出無能的氣息」。[94]

價值觀另外還有兩個特徵。首先，它並不完全主觀，而是以一個道德群體為前提，而且該群體承認它有意義。一旦被歸類為如國家價值觀、宗教價值觀、職業價值觀、自由主義價值觀時，就意味著存在具有相同想法的其他人。其次是，我們通常主張價值觀和一己私利相反。確實，只有當不涉及利害關係時，我們才會認真對待自己和他人的價值觀。價值觀代表超越了欲望，也就是無視利己的誘惑，仍堅持做正確的事。

綜上所述，當日常工作與自由和道德無關時，這些特性就使價值觀對我們產生了吸引力，成為自由和道德的體現。為應付稀有資源的競爭壓力，我們致力於私人和務實的追求。我們設想了投資的成果，但是這種期望必須冒著盡力而為、卻收不到預期成效的風險。即使在追求中我們擁有獲得成功的手段，也必定會時常注意到下列情況：我們的支出超過了收入，而且相較於我們所能控制的情況承擔更大的責任。太多的失敗只會引起自我懷疑和挫敗感，在這些情況下，我們最容易體驗到的不是自由，而是環境局勢任意對我們做的所有擺弄。

如果我們——以及那些和我們相似的人——仍能對周圍環境產生一定影響的話，就可以透過比自我關注之實用主義、更不令人失望且更崇高的表達形式，來應對這些情況。其中最重要的是價值觀。如果藉由價值觀來堅持自我，那我們會是踩在穩固的基礎上，因為價值觀源於信念而非現實，源於放棄物質回報，以及一種由相同見解的人所建構的普遍性。在抗議活動、志願服務、團結行動中，價值觀為我們脆弱的權力意識提供了吸引人的出路。由於價值觀使我們得不到回報的投資看起來像是自願的犧牲，因而維護了自由意識。我們似乎為了更崇高、非物質的理想而超越實用主義。價值觀使我們與組織了生活的嚴格結構相調和，使我們在想像中能超然於那些嚴格結構之上，同時在可能改變和修正的範圍內進行有限的調整。價值觀給我們一種感覺：社會確實在某種程度上回應我們共同的力量。

尼娜．埃里亞索夫（Nina Eliasoph）關於美國公民團體的民族誌研究，清楚地說明了這一點。[95]她研究了一項阻止美國向其他國家運送武器的常態定期和平守夜活動，以及一個設法阻止有毒焚化爐在鎮上建造的團體。這些激進主義者和志願者團結一致，決心與社會的不公進行抗爭，以構想一個更美好的社會，並且努力將這種想像化為現實。他們組織了抗議活動，發送請願書傳單，進行國會遊說，以及投身志工活動。但是他們對自己的影響力仍然沒有把握，也對他人的動機持有懷疑態度。這使他們將自己的目標重新定位為「貼近家園」，每個人都應出於自身利益和對自己孩子的關心而有所行動。隨著時間的推移，他們的行動規模變得越來越小，但也越來越可行。

行動主義人士認為，為自己無法真正解決的問題操心只是浪費時間而已，應退而求其次，建立一處每個人都可以感到重要性、有實質效益的小天地。當他們被寸步難行的處境所困時，價值觀為他們的自決願望提供了可靠的出路。[96]

由於美國的經濟政策在一定程度上使勞動人口失去了影響力，因此該國也許是一個極端的例子。德國則提供了很好的反差對比，因為德國所謂的「社會市場經濟」（social market economy）迄今都還維持著美國人不再享有的社會保護，而且資本和勞動力之間涵蓋了整個產業的談判結構，能以擴大社會政策的方式彌補薪資的限制。[97]第二次世界大戰後，作為重返政治共識的一部分，德國開始重建中產階級。

西德被重建為一個能者統治的開放社會，而且這個理想在東西德統一後向東（不平均地）擴展。在一九八〇年代，德國中產階級就其所代表的「三分之二社會」的廣泛性而受到討論。[98]廣泛性的可信度依賴於高水準的生活，甚至連體力勞動者亦被囊括其中，以至於德國可以自豪地說，本國藍領與白領間界線模糊。[99]

人類學家已經闡明了構築起該框架的意識形態。道格拉斯．霍姆斯（Douglas

Holmes）考察了德國中央銀行保持通貨膨脹率處在較低水準，以及在維持物價穩定上所作的努力。銀行官員將這些目標轉化為預算、就業和商業利率的指導原則，他們反對設定工資和物價的嘗試，因為這樣一來會威脅到德國貨幣的健全性。[100] 愛德華．費雪（Edward Fischer）追蹤研究了他認為是中產階級購物者之假定的「利益匯合」（confluence of interests）現象。他認為這體現在願意為有機雞蛋和其他「道德產品」支付更高的價格，代表他們準備承擔起對社會、動物和環境的個人責任，因為他們在社會、動物和環境的福祉上看到了自身福祉的影子。[101]

在我自己對較不富裕的德國人，即一群聚集在一起尋求財務建議的單身母親的觀察中，「雞蛋」也出現在我的視線裡。她們的財務顧問高度評價了德國社會保險賦予她們的權利，但也提醒她們本身需負的義務。為了更直接闡明這點，顧問說了關於自己那位寡居在巴伐利亞的阿姨的事。希爾德加阿姨從未工作過，她的丈夫用做生意賺來的錢進行投機性投資。但是投資標的並沒有增值，阿姨的生活最終過得很辛苦。她的丈夫是個酒鬼，工作只是偶爾做做，讓她也必須投身職場，以支付公共養老金的費用。好，猜猜看吧，最終是誰每個月都向希爾德加阿姨送去兩打雞蛋？是格雷塔阿姨，那位因能為自己賺取退休金而感到自豪的阿姨。這位顧問警告婦女不能依靠家庭或金融市場，同時得出結論：「只要情況允許，妳得趕快恢復工作並且支付自己的退休金。」

制度確保了德國人投資的安全性，人們以此受到政治共識的徵求：德國人盡其所能地工作，將儲蓄金的管理工作委託給國民經濟，避免對國民經濟提出過多要求，並自掏腰包購買符合道德立場的產品。但如今，必須更強力地主張這種投資精神，因為它並沒有達到許多人期望的結果。德國的就業越來越不穩定，薪酬也越來越少，德國人已然習慣的生活水平變得越來越難維持，退休金應享的權利受到威脅，貧困和不滿情緒都在上升。我最近對金融理財建議的研究，追蹤了後續政治和精神上的不安。

我注意到，如果客戶對於金融理財表現出意態闌珊的樣子，財務顧問便會再三強調人們對孩子的責任以及家庭的價值觀。他們建議父母給孩子零用錢，教導孩子如何管理自己的錢，並建議父母在為每個孩子開設長期儲蓄帳戶的同時，不可答應孩子過多的索求。他們認可房地產的投資，原因是這將為家庭帶來長期穩定，而且房地產最終將成為不錯的繼承物。他們力勸每個人還清債務，並為老年儲蓄足夠的金錢，以免對成年子女造成負擔。

財務顧問也重視個人責任。這種道德風尚在德國的公眾論述中十分普遍，包括：勤奮工作、注意儲蓄、對於消費抱持謹慎態度、只承擔那些可以償還的債務、保持預算平衡，以及為未來做好準備。缺乏自律的人可以通過市場機制來糾正行為，例如從薪水中自動提撥儲金、以經認可的方式投資的錢可享稅金優惠，以及對於持久性財產作出可行的還款計畫。一般認為，如果某一筆錢已經預計用來實現更大的益處，那就不能任意花掉。

這種責任感呼應了德國財政緊縮的狀況，也被該國的政治與經濟領導階層視為公民身分的支柱，通常被拿來與希臘等負債國的道德缺陷進行比較。但是，由於德國儲戶受到低利率的影響而在儲蓄中虧損，並且了解自己的養老金儲蓄將不足以在退休時維持其生活水準，因此這種道德觀念也受到很大的壓力。許多德國人習慣以負責任的方式儲蓄，同時擁有自己的銀行和社會保險來保障其投資價值，他們認為這種方法仍持續有效。

財務顧問提醒經濟上較弱勢的人可享有的社會保障權利，敦促他們以負責任的態度工作並儲蓄，也警告他們不要超支和負債。同時，他們教導擁有更多資源的人如何善用金融資產來發揮自身優勢，例如藉由投資房地產、全球多元化股票或指數基金，其收益可能超越通貨膨脹。他們有時會拿出顯示過去半個世紀以來股票增值情況的圖表。在這些圖表中，顯示了政治事件的動盪、經濟的繁榮和衰退所導致的小幅前進和下滑，但總體來說都會被上升的趨勢迅速撫平。戰爭、選舉結果、危機和自然災害僅會誘發短暫的波動。

客戶和聽眾對這些產品的政治和道德影響表示關切，但他們的關切僅止於新的金融化投資理念範圍內。在一場有關長期儲蓄的討論會上，顧問展示了一份資料，顯示出股票價值如何隨著時間的推移而增長。當與會者提出道德和生態問題時，她的回應是舉出一些投資於「乾淨」企業的金融產品，但同時提醒他們，這些產品屬於同一個市場。她指著投影牆說道：「各位再看一遍就會發現：儘管波動很大，但是曲線整體仍然向上走，這反映了經濟在持續增長。你可能不喜歡這種趨勢，但這是我們見證到的唯一經濟趨勢。我們唯一的選擇就是加入。」「加入市場」是向德國消費者所提供之唯一合理的選擇，這也撫平了他們對政治不滿的情緒。[102]他們的國家市場以自發撙節的代價為他們提供了一些保護，而全球金融則將他們的恐懼疏導到促進積累的產品和策略上。

在保護措施較少的國家，替代方案更加有限。在以色列，公共安全網以及對工作和離職後收入的支持遠比德國要少得多，但生活成本卻更高。這對工作者造成的壓力已達到極限，因此引發了二〇一一年夏天的政治抗爭運動。在這個國家安全幾乎總是占據核心地位的國家中，大規模動員以抗議經濟困難的場面實在令人震驚。然而，儘管受到媒體支持的抗議活動規模浩大，主流政客和政府也迅速成立了商議對策的委員會，專門負責為示威者的投訴尋找解決方案，但是以色列的生活成本仍未降低，尤其是抗議活動主要訴求的住房成本依舊繼續攀升，並使購屋者承受數十年的債務負擔。

社會學家吉夫・羅森海克（Zeev Rosenhek）和麥可・沙列夫（Michael Shalev）將

二〇一一年的抗議活動解釋為中產階級衰落的反映：年輕人不像他們父母當年可從以色列經濟的自由化中受益，年輕人的生活機會正受侵蝕。[103] 自從建國以來，以色列一直志在全面建構官僚和專業的機構，其中包括工業部門和銀行體系，這使以色列的退伍軍人（阿什肯納茲猶太人〔Ashkenazi Jewish〕）得以確保就業市場的優勢並積聚資源。福利措施和津貼幫助他們取得學位、謀得相對高薪的職位並且購買住房，但是近幾十年來，薪資的降低和公共資源的撤離，使他們的孩子很難獲得同樣的好處。在二〇一一年的抗議活動中，他們明確表達出自己對社會正義和國家利益的要求，但是，根據羅森海克和沙列夫的說法，大部分以色列人缺乏這些抗議者可以從父母那裡取得的支援和人力資本，因此無法認同他們希望讓自己投資獲得成效的願望。

隨著抗爭活動塵埃落定，眼看住房成本無望降低，我開始著手自己的研究，採訪房地產市場的專業人員、親身參與抵押貸款的交易、參加購房者團體的討論、與意在購屋的年輕人交談。我發現，抗議者及其同夥被迫急切地捍衛自己的未來。在公共論述中，他們純粹因有能力貸款買房而被稱為「中產階級」。他們在房地產方面的投資，使其傾向採用市場解決方案來應對困境，不贊成可能有利於某個選區而非另一個選區的政治干預措施，除非受青睞的選區是由納稅的在職退伍軍人所構成，而在以色列，這類人士即為「中產階級」的代名詞。[104]

以色列的租賃市場實際上不受監管。任何想要提供孩子穩定生活的人，都無法忍受因為房東決定提高房租或出售房屋，而每隔幾年就搬一次家，這使得買房一事至關重要。首次購買房屋的人通常儲蓄有限且薪水微薄，這迫使他們尋找最高的房貸金額以及最低的每月還款額。如果把幾十年間付出的利息和手續費累加起來，這種貸款其實是最昂貴的。然而，在媒體上傳播的意象是，年輕人因預期價格上漲而精明投資房地產；這未免言過其實了。應該更清楚剖析的是，三十年以抵押方式購買的房屋，成本其實很高，而且迫使購屋者一直到中年都還是事實上的投資者。藉由推崇個人抉擇的必要性，這種沒有經濟意義的支出便被賦予一種積極的意義。

擁有私人住宅的好處要高於租屋，因為租金總是落入別人的口袋。我訪談過的首購族，他們在租賃市場上已累積了一定的經驗，都必然會提及這點。他們寧願將錢投入自己的財產中，也不願將相同金額的錢奉送給別人。他們並沒有仔細計算將來還清貸款後，最終要為自己的房屋付出多少錢，也沒有注意房屋後續的市場價值。對於我提出的問題，他們一般會回答：「就算我今天賣掉我的公寓，還能買得起哪種公寓？」他們反而會考慮住在自有住宅裡的相對優勢。他們在房東和房客的社會中努力掙扎過，沒有哪種擁有私宅的代價會顯得太高。如今，價格過高的房屋到了明天可能就更高不可攀了，因此他們極力爭取盡早投身於房地產市場的卡位戰。

以色列年輕人的生活機會不斷減少——他們就是團結起來抗議生活和住房成本太高的人，這種困境實際上已經演變為家庭之間的競爭。現在，每個家庭的幾代人都將資源集中起來，以維持和再現優勢。父母承諾提供資源來幫助成年孩子購買自己的房屋，年輕人也利用父母提供的資源和銀行融資來幫助自己的孩子。為了提供安全保障給家人，這種緊迫性使他們無法優先顧及自己的不滿。

相反的，他們彼此之間以這種關係形成同盟：作為對自身居住條件感到滿意的左鄰右舍，只因為這樣可以提升所購房屋的價值；作為同等條件地位的人，只因為先前購買的房屋令人擔憂地提高了住房成本，或者他們後來購買的房屋幫助推升了房屋價值；作為房東，只因為他們一致認定付房租等於浪費錢。他們不只與銀行結盟（銀行則透過長期貸款來利用他們的投資），也與政府機構結盟，因為這些機構負責保護所購房屋的價值，以及父母師長對他們未來成就的投資。這些跨領域的競爭和結盟產生了一種社會分裂，使得持續的政治抗爭幾乎不可能了。

我在本章中講述的故事，旨在說明政治和某些價值觀弄巧成拙的本質，這些價值觀在那些支持「一切操之在我」的中產階級意識形態者當中蓬勃發展。資本主義將工作者從非市場性質的生計中分離出來，使他們在諸如就業、住房和教育等至關重要的事情上展開競爭。它使這些資源維持足夠稀有的狀態以保持高報酬率，同時又迫使工作者以維護私利的態度採取行動，以保護自己所擁有的東西並設法獲得更多。此外，資本主義還激發了人們一種個人自由的感覺，並藉由鼓勵投資強化這種感覺。

進行投資的工作者受到這種自由的鼓舞，但他們也面臨了不容忽視的不公正現象，而這些現象引起了那些有能力超越日常工作的人的回應。但是他們的價值觀表明了其無能為力，他們的策略也因為與物質壓力和動機糾纏在一起而受挫。他們積極採取行動，無論是為了確保所有人的生活能過得去，或是為了保護自己的投資，其結果都會造成集體的脆弱性和不利情勢。普遍的不安全感越高，競爭壓力越猛烈，這些行動和價值觀似乎就越顯合理。因此，我們又回到馬克斯．霍克海默的那句話：「戰勝這種道德觀念的方法並非提出一種更好的道德觀念，而是創造一些消除其存在理由的條件。」[105]

結論

>> We Have Never Been Middle Class

我們的行動並不總是具有我們想要的意義。我們總喜歡認為行動是自由且必然的，但是採取行動時的考量，其實是受由邏輯決定的結構所指揮，而這些邏輯的動力與方向，與我們自己的動力與方向有所不同。藉著研究制度、實踐和信念之間的聯繫，人類學使我們警覺到了這種差異，並幫助我們探究兩者之間的相互關係。這種方法特別適合於研究所謂的「中產階級」，該名稱定義了資本主義的主要角色：那些不僅透過工作，也在其他領域自願犧牲為積累做出貢獻的工作者。比起能立即滿足自身欲望的做法，這些工作者需要投入更多的時間、精力和物質資源，將一切放眼於未來的福祉，因此他們被視為「一切操之在我」之理念的行為者。即使他們的投資是對外部壓力的回應，或是投資的結果未能達成那些本應實現的目標，這一點仍然成立。

這種矛盾促成一位批判理論先驅的出現：匈牙利哲學家格奧爾格・盧卡奇（Georg Lukács）。他在一九二三年發表了開創性文章〈無產階級的身分與意識〉，[106]其目的在於揭露無產階級起義的機會，不過盧卡奇以大部分篇幅來剖析資產階級的文化與思想。他借鑑了馬克思對資本主義的分析，認為資本主義是一種剝奪世人獨立自主和集體謀生手段的制度。該制度設計的目的不是為了滿足人們的需求和欲望，而是規範他們透過以市場為中介的工作和消費來維繫家庭的努力，從而促進積累。在日常交流中，人們的考量取決於事物從社會角度受評價的方式。這些價值，取決於生產人們尋求之商品和服務所需的平均工作時間。當工作、投資、技術以及政治相互結合，以重新配置生產力標準時，影響這些商品價值的變數也會不斷重新受到調整。因此，資本主義下的日常生活要素，就是全球生產過程中一連串相互調整的影響力（並以積累盈餘為目標）。這將所有政治、經濟、法律和社會制度連在一起，組成了盧卡奇所說的「整體性」（totality）。

這種整體性與資本主義強迫每個人操作的即時性形成了鮮明對比：人們在日常生活的狹窄範圍內處於孤立狀態，而且在活動中面臨世俗的壓力和動機。學者們也陷入了這種即時性之中，而且別無選擇，只能從其觀點來架構理論，致使他們的觀察只能獲得上述整體性的片段。然而，他們傾向於從這些片段向外構建，彷彿它們都具有獨立真實性和普遍意義。盧卡奇分析了現代本體論、倫理、美學的根基，將其視為即時性圈套所導致之態度的例子。精心建構的普遍性論述，讓資本主義特有的制度、態度以及關係，呈現出純粹簡單的現實外貌。

盧卡奇主張，相較於整體性，個人思想以及行動的碎片化定位，導致了從眾性（conformity）。人們審視周圍環境的態度就彷彿環境必然如此，他們在吸引自己注意的結構中，投入精力從事專業和擬定策略，因而以自己關注的活動使那些結構繼續存在下去。他們衡量自身行動的可能性和影響並建立模型，又把那些不符合自己估算的事物，視為怪異的特徵與錯誤的源頭。他們善用社會地位令自己得以掌握機會，並將這些機會當作協助自己達成所追求目標的手段。他們拘泥於自己看到的事實，甚至其道德價值觀最終也是形式主義、公平性和實用主義最安靜的例示。

盧卡奇認為這些態度在資產階級中最是根深蒂固，因為他們的前途與個人利益綁在一起。利益可以被描述為物質限制和動機的內化，這種內化鼓勵積累，成為人們扮演特定角色所帶來的報酬取向。意識到自身利益的人已準備好利用與自己身分地位相關的機會，避免採取可能使自己退縮的行動。如果他們由此獲得的利益與所付出的努力成正比，這些財富似乎就完全源於對自身利益的追求。人們在整體中的地位，決定了投資的可能條件以及投資可能產生的結果。然而，利益所帶來的喜悅以其變化層次和紛亂掩蓋了整體性，使人看不見真相。利益的回報以及若不追求利益將蒙受的損失，會刺激持續的投資，還會賦予投資者一種行動和控制的感受。就像盧卡奇所說的那樣，資產階級由於被困在利益的追求中，因此懷有一種幻想，亦即他們掌控著自己的生活。107

盧卡奇在撰寫文章時是把無產階級放在心上的。他認為，如果工人能發現剝削的來源，應當會加以拒絕。他也認為，因為資產階級的利益很誘人，所以同樣的事不可能發生在他們身上。他們有機會追求自身利益，並在回顧令自己成功的優勢時獲得滿足感，於是對資產階級而言，質疑自己的根基就等於自殺，因為他們是作為一個圍繞著自身利益的階級而凝聚在一起的。因此，社會民主主義（social democracy）在盧卡奇的眼中是一個巨大的問題：他擔心這種制度在工人和資產階級之間建立起共同利益，甚至把社會中可能最無可妥協的成分也帶進了資本主義的範圍裡。而現實確實如此，社會民主主義已成為中產階級意識形態擴張的主要傳播者，而且該意識形態囊括了往昔無產階級和資產階級的不同分類。

在本書中，我透過另一條途徑重新審視了盧卡奇念茲在茲的主題。本人主張，中產階級是一種由投資所驅動之「一切操之在我」的意識形態，在很大程度上被工作者所接受，認為自己有能力為了未來福祉，而將額外的工作、時間和其他資源用於投資，而不是以手邊的一切資源來滿足當下的欲望。這種意識形態由資本主義體系產生並且為之服務，以人們的投資為養料，卻又不以其暗示的「一切操之在我」方式來肯定投資。這是因為資本主義乃是透過積累過程進行自我複製的，而且這種積累過程，會從那些無法讓自己生命軌跡脫離孤立和競爭狀態的人們身上，汲取更多物質資源。孤立和競爭迫使他們一遍又一遍重複相同行為，從而重現了誘使他們深陷其中的結構。

為了確立這種觀點，我仔細研究了涉及中產階級意識形態的一些制度，並強調它們在實踐過程中所激發的一些矛盾。我探究了廣義上「財產」的概念，其中包括私有住宅、儲蓄帳戶、股票債券、保險單，以及其他物質和非物質的資產。我的目的在於表明，那種被視為似乎迎合我們獨占天性以及儲存投資價值的普遍手段，實際上只是在我們工作價值未能得到充分回報的情況下，一種旨在調和我們與剝削行為的構架罷了；它也鼓勵我們，為了擁有想像中可以存儲價值和強化資源的東西，進行超出原先計畫的投資。我接著又思考了人力資本的問題，其中包括文化、教育和專業品味、技能、資歷，以及人脈。我的目的在於證明一個反映技能、品味和人脈的類別如何被設計出來，使我們相信自己就是藉由先前的投資，而得以發揮個人力量的投資者。它還被設計來激勵我們，為了創造並維持在生活中取得高人一等的成功優勢而不是落在人後，於是必須不斷投資。此外，我還指出了人力資本施加於家庭紐帶的壓力，並轉而分析與中產階級有關的策略，目的在於表明競爭性投資會破壞其設定要達成的目標。作為探索的一部分，我研究了那些維護我們的自由和行動意識的價值觀，這種價值觀是依據無利可圖、普遍性和不重要性而設計，就像我們的政治權力被削弱那樣。

貫穿這些探索的主軸便是投資，也正是中產階級意識形態的核心。如今，金融界的代表是最堅定贊同投資想法的一群。他們宣稱，我們作為精明的金融理財行動者，不應將錢存入銀行帳戶，任由通貨膨脹侵蝕其價值，而該將錢投資於全球金融體系中，操作風險以求獲利，並且進行分散投資，以應付市場波動。「投資」還作為一種充斥在日常用語中的隱喻，透過這種隱喻，我們彷彿可以掌握各式各樣的關係和選擇。這之所以能引發我們的想像，是因為投資具有巨大的能力，一方面在社會層面上，全世界的人都被鼓勵擬定戰略成為投資者，另一方面在實踐層面上，我們也將教育、培養技能、組成家庭和社交等與金融理財無關的活動，全部視為投資。

與可以立即享受的成果相比，投資可視為當下更多工作、時間、金錢或情緒資源的喪失。支撐投資的動機在於，預期會在未來某個時間點獲取回報。只要回報與投資價值同等，或是包括了代表投資價值增長的附加價值，那麼預期的回報就可能以多種形式呈現，並且帶來適得其反的風險。此種保守的估計以連續性、一貫性和可預測性為前提：將當下行動與未來成果連結起來。投資還設定了一種順序，在該順序中，價值會透過實體物品、儲蓄存款、專業證照和社會關係，流向相同或更大的價值。這也暗示了個人的力量：在投資結束時實現的價值，會被認為是最初那個啟動流程之努力和主動行動的結果。這進一步假設所投資的財產、人力資本或社會關係是持久的，而這種持久性又取決於這些物品和關係所根植的一個相對穩定的系統，同時該系統也允許這些物品和關係儲存投資於其中的價值，並且允許隨意將該價值轉換為對等價值。108

如果這樣理解的話，那麼在以金融作為主導，及其滲入家庭、社會和政治制度的情況下，投資是靠不住的。金融化使得價值、價值的儲存庫，以及重新配置價值的市場力量變得太不穩定，導致投資無法產生可預測的結果，或百分之百轉換成等值的東西。新穎的金融工具讓專業投資者在資產價值的升降中獲利，但也加劇了市場的動盪，並削弱財產和資產充當儲存價值之安全處所的能力。此外，信用卡、學生貸款、抵押、折扣及分期付款，讓每個人在承諾將來會慢慢還款的前提下，即時享受投資標的（即使人們只能部分擁有、甚至不可能完全擁有這個標的）；這些都會實際削弱投資及其成果。

投資概念與擘劃未來的想法息息相關。經濟學家（從一九五〇年代的弗蘭科・莫迪利安尼〔Franco Modigliani〕和理查德・布倫伯格〔Richard Brumberg〕到後來經歷的許多發展）著眼於傳統的生活進程，為儲蓄、支出和投資的合理性和遠見建立模式。這些模式預期我們成年後的工作收入會逐漸增加，並在退休之後終止；也預期我們會在年輕時利用自己的工作收入來增加教育和培養技能的資金，同時以成年工作者的身分在房地產和養老金上做好準備，並在退休後花在我們需要的事物上。

在二戰後的時代裡，世界上富裕地區的國家經濟風險分擔措施以及其他法規，在一段時間內讓這種計畫呈現出一定的合理性。但是，在目前這個工作收入和投資成果都難以預測的時代中（這些困境或許被委婉地說成「不穩定」和「起伏大」），人生進程的規劃變得難以為繼。儘管如此，它仍在中產階級意識形態的框架下保持主導地位，因為人生的各個里程碑，依然是建立在投資之上的。這適用於教育、購屋、職涯、養老金的儲蓄，也牽涉到夫妻關係、生育、父母身分，以及建立與維繫社會關係。對於這些項目的投資行為，被視為中產階級的「通過儀式」（rites of passage），以及成年身分、家庭生活、社交和退休的規範特徵。

投資似乎讓我們以為，我們的儲蓄以及經常利用信貸、分期付款或保險折扣所購買的物質資產（如房屋）或非物質資產（如學歷），其價值在某種程度上得以保留並隨時可供使用。我們投資時會優先考慮某些項目，並且透過集體策略，讓人感覺似乎可以據此決定自己的財富。投資使我們扮演起具前瞻性的行動者角色，願意將自己的資源放置在持久的存儲庫中，或者委託給負責保存或提高其價值的銀行與其他中介機構。當自認為是「一切操之在我」的投資者時，我們不知不覺就與積累盈餘的力量站在同一條線上。只要我們仍從價值未得到充分回報的工作中獲取大部分的收入，同時仍承擔起工作與投資的貶值責任，情況就一直會是如此。

正如從中產階級衰落和壓力的相關報導中，感覺到中產階級的式微那樣，我們也可以在這些矛盾中，感知到「投資」這個作為中產階級核心價值的黯淡前景。我們當中有些人以抵押貸款購買房屋，其價值低於所支付的價格，或者所面臨的就業市場無法回報已積累的人力資本，這時我們就很容易想到：為什麼自己還要繼續投資這麼多錢。保羅・威利斯（Paul Willis）在自己的民族誌研究中也面臨類似的困惑，主題是再現於教室內的社會前景。[109]他描述了英國工人階級的男孩在上學期間的互動狀況，並做出結論：儘管教育強調公平競爭，但這些男孩注定要因自己課外的活動而屈居社會下層。接著，他又描述被歸類為中產階級之學童的順從態度。在投資於正式的教育目標時，他們犧牲了一些自主權來支持學校當局。威利斯預見了這些男孩長大後會成為的樣子：他們會進一步期望學校、國家、法律機構和警察人員去維持職責範圍之外的規則。

那些從制度中獲益的人也會支持這些制度（該制度吸引他們投資並維護其價值），這是理所當然的事。正如我在本書中所解釋的那樣，諸如私有財產和人力資本之類的制度，會透過激勵措施誘使人們利用私人資源進行資本積累。這些措施被內化為自身利益，因為通常可以得到回報，儘管這些回報只是暫時性的，並且只是相對於他人而言。但是，當人們的努力得不到回報，利益得不到滿足甚至受到損害時，該如何解釋他們的過度投資和放棄享受呢？威利斯的描述一點也不奇怪——我們當中許多人才剛吃了投資報酬不足和事與願違的虧，卻又立刻加碼投入更多資源，而不是開始質疑投資標的物的價值。回想一下，促使本書誕生的原因之一是對於中產階級的過度想像：很多人傾向於自認是中產階級，並不是因為有任何客觀標準加以定義，而且就算他們的投資未能獲得預期的好處也是一樣。

如果那是意識形態的力量，那麼它滲透得非常深入，深入到精神分析之父佛洛伊德（Sigmund Freud）注意到，世人傾向沉浸於與實際可能犯下的任何錯誤相比、顯得不成比例的罪惡感和羞愧中，因此他認為那是現代生活中普遍存在的「心理過剩」（psychic excess）。[110] 批評理論家赫伯特．馬庫色（Herbert Marcuse）雖然確認此一診斷，卻也聲稱佛洛伊德對其根源的認識是錯誤的。[111] 心理過剩並沒有像佛洛伊德所說的那樣，從我們最內在的欲望和文明社會的需求間的普遍衝突中浮現出來，而是複製了歷史上特定的「社會經濟過剩」（socio-economic excess）：這是一種加諸於工作、投資，以及協調這兩者之制度的壓力，目的在於產出更多價值（比從這兩者中獲取的還要多）。根據馬庫色的說法，「過剩」只是「盈餘」的代名詞。只要它在我們的內心深處反映出資本主義的積累，迫使我們為了謀取生計、養家活口及創造財富而進行過多投資，我們就無法得到治癒。

如果我們投入過多，並因此支持引發投資的結構和制度，就是在實質回應壓力和激勵措施。此外，如果我們在過程中肯定了由投資驅動的「一切操之在我」的感覺，就會將這種反應視為自由的抉擇而加以推崇。然而，中產階級自我暗示的「一切操之在我」是虛假的。無論我們付出多少努力來勾勒人生歷程，協調行為和關係的結構，其設計的目的都是在促進與我們願望的滿足、夢想的實現與恐懼的消除所互相矛盾的目標。這些制度使我們在獲取優勢和避免劣勢的較量中相互競爭，同時使我們結成臨時的功能性同盟關係，以保護投資的價值。資本主義所挑起的競爭，剝奪了我們持久有效地組織能超脫它之運動的能力。

然而，矛盾不僅是沮喪的根源，還能使我們更清晰地思考，而不至於被外表所欺騙。最後，矛盾可能藉由操縱其所導致的緊張局面，進而真正促成轉變。矛盾會激發我們的反思力量，同時透過這種力量令矛盾公開。我們不是盲從的人，不會沒頭沒腦地遵循那個囚禁我們的結構的指示，也不會不經探究地贊成那些滲透到社會裡的意識形態。矛盾將摩擦導入原本設計來順利運行的操作中，激發了我們對於自己在做什麼、為何要那樣做，提出批判性的評估。「一切操之在我」的理想一旦幻滅，正是創造出此一理念能真正被實現的契機。如果我們設法將社會結構和制度，轉變為與我們意志和權力相呼應的方式，就可以真正掌控自己的生活。我們可以對一個體現自我意圖並滋養自身力量的社會，進行反思、批評和集體行動，因為那才是我們真正的樣子。

110 參見：佛洛伊德（S. Freud），《文明與缺憾》（*Civilization and its Discontents*）（紐約：諾頓〔Norton〕出版公司，1989年）。

111 參見：馬庫色（H. Marcuse），《愛神與文明：對弗洛伊德的哲學探究》（*Eros and Civilization: A Philosophical Inquiry into Freud*）（波士頓：燈塔〔Beacon〕出版社，1974 年）。

（注釋請從第 267 頁開始翻閱）

（F. Trentmann）編輯之《消費文化：全球視角》（*Consumer Cultures: Global Perspectives*）（牛津：伯格〔Berg〕出版社，2006年）。理查德．威爾克，〈榨取性經濟：飲食全球化的早期階段及其環境後果〉（The Extractive Economy: An Early Phase of the Globalization of Diet, and Its Environmental Consequences），收錄於洪恩伯格（A. Hornborg）、麥克尼爾（J. McNeil）與馬丁內茲－阿利耶（J. Martinez-Alier）編輯之《反思環境史：世界體系史和全球環境變化（*Rethinking Environmental History: World System History and Global Environmental Change*）（馬里蘭州，拉納姆：阿爾塔米拉出版社〔AltaMira〕，2007年）；戴伊（S. Day）、巴巴塔克西亞其斯（E. Papataxiarchis）與史圖雅（M. Stewart）編輯之《田野百合》（*Lilies of the Field*）（布爾德，科羅拉多州：西方觀點出版社〔Westview〕，1999年）討論了日薪工人、吉普賽人、妓女和流浪者，認為他們活在當下，而非為將來儲蓄；相反觀點可參考古耶（J. Guyer），〈進一步：重新加入〉（Further: A Rejoinder），《美國民族學家》，2007年，34（3），頁449中關於這是階級屬性之觀點的反駁。

109 參見：威利斯（P. Willis），《學習勞動》（*Learning to Labour*）（伯靈頓，佛蒙特州：阿什蓋特〔Ashgate〕出版社，2012年）。

Social Science），2014年，9（1），頁31-48。

104 這不包括無法爭取相同資源的多數以色列極端正統派與巴勒斯坦公民，也不包括最貧窮的人口，因為他們缺乏可用於投資和社會流動的基本資源。

105 霍克海默，《利己主義和自由運動：資產階級時代的人類學》，頁57。

結論

106 參見：盧卡奇（G. Lukács）作，利文斯東（R. Livingstone）譯，〈無產階級的身分與意識〉（Reification and the Consciousness of the Proletariat），《歷史與階級意識》（*History and Class Consciousness*），頁83-222，（麻州劍橋市：麻省理工學院出版社，2002〔1923〕年）。

107 參見：盧卡奇，〈無產階級的身分與意識〉，頁163-4。

108「投資」對於中產階級意識形態如此重要，以至於識別貧窮國家或富裕國家邊緣的非中產階級人群之最傑出的方法之一，就是他們與這一理想的距離。參見：人類學家理查德·威爾克（Richard Wilk），〈世界體系邊緣的消費文化與榨取性產業〉（Consumer Culture and Extractive Industry on the Margins of the World System），刊載於布魯爾（J. Brewer）與特倫德曼

Stress: The Middle Classes of America, Europe and Japan at the Turn of the Century），（紐約：羅素薩吉基金會〔Russell Sage Foundation〕，2002 年）。

100 參見：福爾摩斯（R. Holmes），《言語的經濟：中央銀行的溝通要務》（*Economy of Words: Communicative Imperatives in Central Banks*）（芝加哥：芝加哥大學出版社，2014 年），頁 65。

101 參見：費雪（E. T. Fischer），《美好生活：抱負、尊嚴以及福祉人類學》（*The Good Life: Aspiration, Dignity, and the Anthropology of Wellbeing*）（史丹佛：史丹佛大學出版社，2014 年）。

102 德國的縉紳階級表達了對社會永續性、正義與凝聚力的關切，但是仍對城市就業和育兒的「處境」做出了務實的回應。參見：法蘭克（S. Frank）與威克（S. Weck），〈成為好父母或好公民〉（Being Good Parents or Being Good Citizens），《國際城市與區域研究期刊》（*International Journal of Urban and Regional Research*），2018 年，42（1），頁 20-35。

103 參見：羅森海克（Z. Rosenhek）與沙列夫（M. Shalev），〈以色列「社會正義」抗議的政治經濟學：階級和世代分析〉（*The Political Economy of Israel's 'Social Justice' Protests: A Class and Generational Analysis*），《當代社會科學》（*Contemporary*

賴資金以及可以藉由其幫助而參與合約競標的客戶，也依賴請求預算並吸引免費勞力。那些縮減了行動規模的做法較易成功：專門化並營銷其附加價值，以填補社會供應方面的空白。為了應對政府未能滿足的緊急需求，他們尋求行善的機會（在一個弱勢群體依賴特權者慷慨舉措的社會中行善的機會）。參見：維斯，〈耶路撒冷第三部門的天賦與價值觀〉（Gift and Value in Jerusalem's Third Sector），《美國人類學家》，2011 年，113（4），頁 594-605。

97 參見：普朗波（W. Plumpe），《十九世紀和二十世紀的德國經濟和商業史》（*German Economic and Business History in the Nineteenth and Twentieth Century*）（紐約：帕爾格雷夫．麥克米倫出版社，2016 年）。

98 社會民主黨人彼得．格洛茨（Peter Glotz）在 1984 年的著作《工作升級》（*Die Arbeit der Zuspitzung*）中首次使用了這個概念。

99 參見：西格黎斯特（H. Siegrist），〈從分歧到融合：1945 至 2000 年德國中產階級的分化〉（*From Divergence to Convergence: The Divided German Middle Class, 1945-2000*），收錄於尊茲（O. Zunz）、修巴（L. Schoppa）與西瓦塔利（N. Hiwatari）編輯之《壓力下的社會契約：世紀之交的美國、歐洲與日本的中產階級》（*Social Contracts under*

舒斯特出版社，2000 年）；伍德諾（R. Wuthnow），《同情的行為：關愛他人和幫助自己》（*Acts of Compassion: Caring for Others and Helping Ourselves*）（普林斯頓：普林斯頓大學出版社，1991 年）。

92 參見：戈德曼（L. Goldmann）作，馬斯（H. Maas）譯，《啟蒙哲學》（*The Philosophy of the Enlightenment*）（倫敦：路特列支出版社，1973 年）；威廉斯（R. Williams），《關鍵字》（*Keywords*）（倫敦：馮塔納〔Fontana〕出版社，1976 年）。

93 參見：羅賓斯，〈再生產與自由之間：道德、價值觀和激進的文化變革〉（Between Reproduction and Freedom: Morality, Value, and Radical Cultural Change），《民族》，2007 年，72（3），頁 293-314。

94 參見：尼采（F. Nietzsche），《道德的譜系》（*On the Genealogy of Morals*），收錄於考夫曼（W. Kaufman）編輯之《尼采基本著作》（*Basic Writings of Nietzsche*）（紐約：現代圖書館，1992〔1887〕年），頁 482。

95 參見：埃里亞索夫（N. Eliasoph），《避免政治：美國人如何在日常生活中產生冷漠感》（*Avoiding Politics: How Americans Produce Apathy in Everyday Life*）（劍橋：劍橋大學出版社，1998 年）。

96 這與我對以色列志願者的研究相互呼應，因為他們的活動依

加哥：芝加哥大學出版社，1988 年）。

88 參見：科林斯（J. Collins），〈沃爾瑪，美國的消費者公民權與階級的消滅〉（*Walmart, American Consumer-Citizenship, and the Erasure of Class*），收錄於卡利耶和卡爾伯編輯之《階級人類學：權力、實踐與不平等》。

89 參見：希克爾（J. Hickel），〈自由主義與占領華爾街政治〉（Liberalism and the Politics of Occupy Wall Street），《本世紀人類學》，2012 年，頁 4；農迪的《我們什麼時候全都成了中產階級？》追溯了美國的改變：從透過利益團體政治之廣泛的社會與經濟，關注到「因為他們生活在能人統治下，每個人都是中產階級」的觀念。

90 參見：羅賓斯（J. Robbins），〈論有罪的樂趣與危險〉（On the Pleasures and Dangers of Culpability），《人類學評論》（*Critique of Anthropology*），2014 年，30（1），頁 122-28。

91 參見：貝拉（R. Bellah）、邁德森（R. Madsen）、蘇立凡（W. Sullivan）、斯威德勒（A. Swidler）與堤普頓（S. Tipton），《心的習慣：美國生活中的個人主義與付出》（*Habits of the Heart: Individualism and Commitment in American Life*）（柏克萊：加利福尼亞大學出版社，1985 年）；普特南（R. Putnam），《獨自打保齡球：美國社區的崩潰與復興》（*Bowling Alone: The Collapse and Revival of American Community*）（紐約：西蒙與

84 參見：霍克海默，〈利己主義和自由運動：資產階級時代的人類學〉，頁 51。

85 參見：馬歇耳（G. Marshall），《社會學詞典》（*A Dictionary of Sociology*）；莫，《不平等、市場化和多數階級》。

86 參見：格里克曼（L. B. Glickman），《生活薪資：美國工人與消費社會的形成》（*A Living Wage: American Workers and the Making of Consumer Society*）（綺色佳：康乃爾大學出版社，1997 年）。

87 參見：布雷克伯恩（R. Blackburn），《年齡衝擊：金融理財如何使我們失敗》（*Age Shock and Pension Power: How Finance Is Failing Us*）（倫敦：維爾索出版社，2006 年）；克拉克（G. Clark），《養老基金資本主義》（*Pension Fund Capitalism*）（紐約：牛津大學出版社，2000 年）；格林（A. Glyn），《資本主義的釋放：金融，全球化與福利》（*Capitalism Unleashed: Finance, Globalization, and Welfare*）（紐約：牛津大學出版社，2006 年）；波林（R. Pollin），〈食利族的復活〉（*Resurrection of the Rentier*），《新左派評論》，2007 年，第 46 期（7-8 月），頁 140-53；卡達諾（J. Quadagno），《老年保障的轉變：美國福利國家的階級與政治》（*The Transformation of Old Age Security: Class and Politics in the American Welfare State*）（芝

人」為例〉（*The Reshaping of Cities and Citizens in Uzbekistan: The Case of Namangan's 'New Uzbek'*），收錄於黎夫斯（M. Reeves）、拉撒納揚甘姆（J. Rasanayagam）與貝耶（J. Beyer）編輯之《中亞國家民族誌：表演政治》（*Ethnographies of The State in Central Asia: Performing Politics*）（布魯明頓：印第安納大學出版社，2014 年），論及烏茲別克新中產階級之間的政治順從。托賓（S. A. Tobin），〈約旦的阿拉伯之春：中產階級與反革命〉（*Jordan's Arab Spring: The Middle Class and Anti-Revolution*），《中東政策》（*Middle-East Policy*），2012 年，19（1），頁 96-109，描述約旦中產階級之間的反革命情緒。

82 參見：韋伯（M. Weber），〈政治作為一種志業〉（*Politics as Vocation*），收錄於歐文（D. Owen）與史壯（T. B. Strong）編輯之《職業演講》（*The Vocational Lectures*）（印第安納波利斯：亥克特〔Hacket〕出版社，2004 年）。

83 霍克海默作，腓德立克（H. G. Fredrick）、克拉梅（M. S. Kramer）與托爾配（J. Torpey）譯，〈利己主義和自由運動：資產階級時代的人類學〉（*Egoism and Freedom Movements: On the Anthropology of the Bourgeois Era*），收錄於霍克海默之《哲學與社會科學之間》（*Between Philosophy and Social Sciences*）（劍橋：麻省理工學院出版社，1993〔1936〕年）。

Arab Spring），《現代人類學》（*Current Anthropology*），2015 年，第 56 期（附刊 11），S33-S43，其中有關埃及中產階級抗議者在資源上的主張以及逃避自我約束的要求。費赫瓦利（K. Fehervary）的《色彩和混凝土的政治：匈牙利的社會主義物質和中產階級》（*Politics in Color and Concrete: Socialist Materialities and the Middle Class in Hungary*）（布魯明頓：印第安納大學出版社，2013 年）則論及匈牙利中產階級政治和經濟政策正常化的追求。吉斯柏爾特（L. Giesbert）與索特（S. Schotte），〈非洲的新中產階級：其變革能力的事實和虛構〉（Africa's New Middle Class: Fact and Fiction of its Transformative Power），《2016年社會科學開放資料庫》（*Social Science Open Access Repository 2016*），講述了非洲中產階級上階層的政治呆滯，加劇了其下階層的挫敗感。歐度格第的《消費加劇：巴西中產階級生活的政治學》論及消費主義的願望勝過巴西中產階級的聯結。魏德曼（A. Wedeman）的〈別在我家後院：當代中國的中產階級抗議〉（*Not in My Backyard: Middle Class Protests in Contemporary China*），收錄於黎與馬爾須編輯之《新興社會的中產階級：消費者、生活方式和市場》，講述中國中產階級的抗議，集中在非政治的「在我家後院」問題上。特列維席亞尼（T. Trevisiani），〈烏茲別克斯坦之城市與市民的重塑：以納曼根「新烏茲別克

據〉。

79 參見：福山（F. Fukuyama），〈中產階級革命〉（The Middle Class Revolution），《華爾街日報》（*Wall Street Journal*），2013 年 6 月 28 日；福山，《政治秩序與政治衰落：從工業革命到民主全球化》（*Political Order and Political Decay: From the Industrial Revolution to the Globalization of Democracy*）（紐約：法拉爾、施特勞斯與吉魯〔Farrar, Straus and Giroux〕出版社，2014 年）。

80 關於引發「阿拉伯之春」之不滿情緒的類似分析，參見：德瓦拉揚（S. Devarajan）與揚卓維奇那（E. Ianchovichina），〈促成阿拉伯之春的是社會契約破裂，而非高度不平等〉（A Broken Social Contract, Not High Inequality, Led to the Arab Spring），《收入與財富評論》（*Review of Income and Wealth*），2017 年。

81 蘇姆納與維茲克，〈發展中國家「新中產階級」的政治和社會影響是什麼？〉；以及〈發展中國家的「新中產階級」：對政治研究的啟示〉（The Developing World's 'New Middle Classes': Implication for Political Research），《政治觀點》（*Perspectives in Politics*），2018 年，16（1），頁 127-40。有關這些動態所涉及之政治情緒的人種學解釋，請參見：巴亞特（A. Bayat），〈阿拉伯之春的平民〉（Plebeians of the

76 我關注過一系列的新聞報導，例如 Mishpacha Betsmicha，該報導於 2012 年至 2016 年間在每日的 Yediot Achronot 和 ynet.co.il 上發布；黃金時段電視節目 Mishpacha Choreget，在 2008 至 2012 年之間進行了為期六季的播出；另一部黃金時段電視節目 Chayim Chadashim 則在 2015 年播出；我也參考以色列主要媒體資源網站上的一系列建議專欄。

77 參見：傑弗瑞，《消耗時間：印度的青年、階級與等待政治》；杜柏克與吉里玻提，〈社會階級與資本主義精神〉，《歐洲經濟學會期刊》，2005 年，3（2-3），頁 516-24；席耶克，《未來時態的埃及：2011 年之前和之後的希望、挫折與矛盾》；顏森（S. Jansen），《與此同時的渴望：「正常的生活」與塞拉耶佛公寓大樓中的情況》（*Yearnings in the Meantime: "Normal Lives" and the State in a Sarajevo Apartment Complex*）（紐約：貝爾格罕出版社，2015 年）。其他人類學家已經將全球中產階級與等待美好未來做了連結。

第四章｜後會有期了價值觀，再見了政治

78 例如可以參考：阿莫蘭多、楚恩與迪歐拉力克，〈誰是中產階級？他們擁有什麼價值觀？來自全世界價值觀調查的證嚴重之收入不平等時代中的社會再生產〉（No Exit: Social Reproduction in an Era of Rising Income Inequality），《政治與社會》（*Politics and Society*），2017年，頁1-33；歐勒克爾斯（N. Oelkers），〈國家與父母之間責任的重新分配：後福利國家轉型背景下的家庭〉（The Redistribution of Responsibility Between State and Parents: Family in the Context of Post-Welfare-State Transformation），收錄於安德森（S. Andersen）與李希特（M. Richter）編輯之《父母身分的政治化》（*The Politicization of Parenthood*）（多德雷赫特〔Dordrecht〕：史普林格出版社，2012年）；羅伯茨（A. Roberts），〈在新的全球秩序中重新定位性別〉（Remapping Gender in the New Global Order），《女性主義經濟學》（*Feminist Economics*），2009年，15（4），頁168-72。

74 參見：庫珀（M. Cooper），《家庭價值觀：新自由主義與新社會保守主義之間》（*Family Values: Between Neoliberalism and the New Social Conservatism*）（紐約：地區出版社，2017年）。

75 參見：哈拉利（K. Z. Harari），〈你需要整夜保持安全〉（*Hachamtsan hasodi shel ma'amad habeyna'im: yesh lanu cheshbon im hahorim*），《卡可利斯特報》（*Calcalist*），2013年7月27日。

敦：路特列支出版社，2015 年）；恩彭，《國家領導動員與馬來西亞的新中產階級》；詹姆斯，《白白花錢：南非的債務和抱負》；卡茲（C. Katz），〈只是管理：不安全時代之美國中產階級的父母身分〉（Just Managing: American Middle-Class Parenthood in Insecure Times），刊載於富里曼、海曼與利奇第編輯之《全球的中產階級》。

70 收錄於歐克斯（E. Ochs）與克萊莫－沙德里克（T. Kremer-Sadlik）合編之《快速前進的家庭：美國中產階級的家庭、工作和關係》（*Fast-Forward Family: Home, Work and Relationships in Middle-Class America*）（柏克萊：加州大學出版社，2013 年）。

71 參見：達拉（C. N. Darrah）、弗里曼（J.M. Freeman）和英格利須－盧克（J.A. English - Lueck），《比以往更忙碌！為什麼美國家庭不能放慢速度？》（*Busier than Ever! Why American Families Can't Slow Down?*）（史丹佛：史丹佛大學出版社，2007 年）。

72 參見：柯立爾（J. F. Collier），《從責任到渴望：在西班牙村莊中重建家庭》（*From Duty to Desire: Remaking Families in a Spanish Village*），（普林斯頓，紐澤西州：普林斯頓大學出版社，1997 年）。

73 參見：福林（L. Flynn）和史瓦茲，〈沒有出路：在日趨社，2002 年）一書中主張，社區成員投資人力資本，並利用社區資源以獲得更大優勢，就是社區形成的原因。葉（R. Yeh）則在《路過：墨西哥邊境的兩個公眾》（*Passing: Two Publics in a Mexican Border City*）（芝加哥：芝加哥大學出版社，2017 年）一書中證明了墨西哥提華納市（Tijuana）中產階級的「我們」，是藉由不斷創造出以犯罪和貧窮為標誌的「他們」來維繫。

69 可參考以下著作：富里曼，《創業精神的自我：新自由主義的值得尊重與加勒比中產階級的形成》（*Entrepreneurial Selves: Neoliberal Respectability and the Making of a Caribbean Middle Class*）（德罕：杜克大學出版社，2014 年）；艾靈頓（F. K. Errington）與葛維茲（D. B. Gewertz），《巴布亞紐幾內亞的新興中產階級：反映真實情況的差異》（*Emerging Middle Class in Papua New Guinea: The Telling of Difference*）（劍橋：劍橋大學出版社，1999 年）；多納，《國內的女神：現代性、全球化和當代印度城市的中產階級認同》；多納，〈在加爾各答製造出中產階級家庭〉（Making Middle-Class Families in Calcutta），收錄於卡利耶和卡爾伯編輯之《階級人類學：權力、實踐與不平等》；山卓（D. Sancho），《印度的青年、階級和教育：可以成就你或毀掉你的一年》（*Youth, Class and Education in India: The Year that Can Make or Break You*）（倫

依賴發生衝突：歐斯伯格，《焦慮的財富：中國新富階級的金錢與道德》。

66 參見：費赫（M. Feher）作，伊萬·阿舍（Ivan Ascher）譯，〈自我欣賞；或者，人力資本的抱負〉（Self-Appreciation; or, The Aspirations of Human Capital），《公共文化》（*Public Culture*），2009年，21（1），頁21-41。

67 可參考以下著作：包威爾斯（S. Bowels）與金堤斯（H. Gintis），〈人力資本問題——馬克思主義的批判〉（*The Problem with Human Capital—a Marxian Critique*），《美國經濟評論》（*The American Economic Review*），1975年，第2期，頁74-82。布朗（W. Brown），《不做演示：新自由主義的隱形革命》（*Undoing the Demos: Neoliberalism's Stealth Revolution*）（紐約：地區〔Zone〕出版社，2015年）；芬納（B. Fine），《社會資本與社會理論：千禧年的政治經濟學》（*Social Capital Versus Social Theory: Political Economy at the Turn of the Millennium*）（倫敦：路特列支出版社，2001年）；哈維，《十七個矛盾與資本主義的終結》（*Seventeen Contradictions and the End of Capitalism*）（紐約：牛津大學出版社，2014年）。

68 約瑟夫（M. Joseph）在《對抗社區的浪漫》（*Against the Romance of Community*）（明尼亞波里斯：明尼蘇達大學出版

們為何產生，造成什麼問題，社會又該如何因應？》（*The Precariat: The New Dangerous Class*）（倫敦：布盧姆斯伯里〔Bloomsbury〕出版社，2011 年）。

63 參見：阿多諾（T. Adorno）與霍克海默（M. Horkheimer）作，傑夫考特（E. Jephcott）譯，《啟蒙辯證法》（*Dialectic of Enlightenment*）（史丹佛：史丹佛大學出版社，2002 年），頁 131。

64 例如：布萊（R. Bly），《手足社會：對成年身分之重新發現的熱情呼籲》（*The Sibling Society: An Impassioned Call for the Rediscovery of Adulthood*）（紐約：佳釀出版社，1997 年）；克羅斯（G. Cross），《從男人到男孩：現代的不成熟如何形成？》（*Men to Boys: The Making of Modern Immaturity*）（紐約：哥倫比亞大學出版社，2008 年）。

65 參見：喀恩（R. Kern）與彼得森（R. Peterson），〈改變中的高尚品味：從勢利者到雜食者〉（Changing Highbrow Taste: From Snob to Omnivore），《美國社會學評論》（*American Sociological Review*），1996 年，61（5），頁 900-907。這種困境是全球性的，例如人類學家描述了尼泊爾的社會地位，如何引發不會產生贏家的消費主義競爭：利奇第，《適合現代：在新的消費社會中建立中產階級文化》，而中國的新富階層對自我實現的渴望，也與他們對商業網絡和社會認可的

59 參見：普殊同，《時間、勞動和社會宰制：對馬克思批判理論的重新詮釋》。

60 參見：羅薩（H. Rosa）作，崔卓－馬提亞斯（J. Trejo-Mathys）譯，《社會的加速：現代性的新理論》（*Social Acceleration: A New Theory of Modernity*）（紐約：哥倫比亞大學出版社，2013 年），頁 117。

61 參見：柯林斯（R. Collins），《資格證照的社會：教育和階層化的歷史社會學》（*The Credential Society: An Historical Sociology of Education and Stratification*）（紐約：學術出版社〔Academic〕，1979 年）。對於受過教育的人來說，缺乏合適就業機會的情況，在非西方社會中也是十分緊急嚴重的，例如：席耶克（S. Schielke），《未來時態的埃及：2011 年之前和之後的希望、挫折與矛盾》（*Egypt in the Future Tense: Hope, Frustration and Ambivalence before and after 2011*）（布魯明頓：印第安納大學出版社，2015 年）；傑弗瑞（C. Jeffrey），《消耗時間：印度的青年、階級與等待政治》（*Timepass: Youth, Class, and the Politics of Waiting in India*）（史丹佛：史丹佛大學出版社，2010 年）。

62 參見：莫，《不平等、市場化與多數階級》；沙瓦吉，《階級分析與社會轉變》；史坦丁（G. Standing），《不穩定無產階級：一個因全球化而生的當代新危險階級，他

空間動力學〉（The Spatial Dynamics of Middle-Class Formation in Postapartheid South Africa），《政治權力和社會理論》（*Political Power and Social Theory*），2010年，第21期，頁147-84。斐南德斯，《印度的新中產階級》；歐度格第（M. O'Dougherty），《消費加劇：巴西中產階級生活的政治學》（*Consumption Intensified: The Politics of Middle-Class Life in Brazil*）（德罕：杜克大學出版社，2002年）；巴塔洽里亞（T. Bhattacharya），《文化哨兵：孟加拉的階級、教育和殖民地知識分子》（*The Sentinels of Culture: Class, Education, and the Colonial Intellectual in Bengal*）（牛津：牛津大學出版社，2005年）；魯茲（H. J. Rutz）與巴爾干（E. M. Balkan），《再製階級：教育、新自由主義和伊斯坦堡新中產階級的崛起》（*Reproducing Class: Education, Neoliberalism, and the Rise of the New Middle Class in Istanbul*）（牛津：貝爾格罕〔Berghahn〕出版社，2009年）。

58 參見：布迪厄作，尼斯譯，《實踐理論綱要》（*Outline of a Theory of Practice*）（劍橋：劍橋大學出版社，1977年）；布迪厄作，尼斯譯，《區隔：品味判斷的社會批判》；布迪厄，《實踐理性：論行動的理論》（*Practical Reason: On the Theory of Social Action*）（史丹佛：史丹佛大學出版社，1998年）等著作。

韓戴勒（A. Handel）與馬果爾（E. Maggor）編輯之《占領之正常化：西岸定居點的日常生活政治》（*Normalizing Occupation: The Politics of Everyday life in the West Bank Settlements*）（布魯明頓：印第安納大學出版社，2017年）。

55 參見：瑞安（M. P. Ryan），《中產階級的搖籃：1790至1865年紐約奧尼達郡的家庭》（*Cradle of the Middle Class: The Family in Oneida County, New York, 1790-1865*），（劍橋：劍橋大學出版社，1981年）；詹姆士（L. James），《中產階級史》（*The Middle Class: A History*）（倫敦：利特爾布朗〔Little, Brown〕出版社，2006年），頁4。

56 例如：沃勒斯坦，〈資本主義世界經濟中的階級衝突〉。

57 可參考以下專著：古德曼（D. G. Goodman）與羅賓遜（R. Robinson），《亞洲的新富人》（*The New Rich in Asia*）（紐約和倫敦：路特列支出版社，1996年）；波坦斯基作，果德罕姆譯，《階級的形成：法國社會中的管理階層》（*The Making of a Class: Cadres in French Society*），（劍橋：劍橋大學出版社，1987年）；本－波拉特（A. Ben-Porat），《資產階級：以色列資產階級的歷史》（*The Bourgeoisie: A History of the Israeli Bourgeoisies*）（耶路撒冷：馬格尼斯〔Magness〕出版社，1999年）；亥勒（P. Heller）與塞爾澤（A. K. Selzer），〈南非後種族隔離時代中產階級形成的

52 參見：甘斯（H. J. Gans），《萊維敦區住戶：新郊區社區的生活方式和政治方式》（*The Levittowners: Ways of Life and Politics in a New Suburban Community*）（紐約：哥倫比亞大學出版社，1982〔1967〕），頁16。

53 我實地調查的是猶太人定居該地點的細部動機，這與西岸巴勒斯坦人僅是間接相關。我在探討以色列／巴勒斯坦衝突的出版物中討論了這種相關聯繫，而下文的討論並非這種性質。

54 參見：維斯，〈西岸定居點的不穩定投資和不受拘束的青年　〉（*Volatile Investments and Unruly Youth in a West Bank Settlement*），《青年研究期刊》（*Journal of Youth Studies*），2010年，13（1），頁17-33；維斯，〈移民與西岸定居正常化〉（Immigration and West Bank Settlement Normalization），《政治和法律人類學評論》（*Political and Legal Anthropology Review*〔PoLAR〕），2011年，34（1），頁112-30；維斯，〈關於西岸定居點的價值觀〉（On Value and Values in a West Bank Settlement），《美國民族學家》，2011年，38（1），頁34-45；維斯，〈西岸定居點的嵌入式政治〉（Embedded Politics in a West Bank Settlement），收錄於阿雷格拉（M. Allegra）、

2010 年）。洛卡，〈中國中產階級的形成：小小的慰藉與遠大的期望〉則主張這種消費者至上的策略，乃是中國中產階級理想化社會想像的組成部分。

50 參見：楚姆尼（L. Chumley）與王（J. Wang），〈你不理財，財不理你：中國財富管理中的風險和收益形態〉（If you don't care for your money, it won't care for you': Chronotypes of Risk and Return in Chinese Wealth Management），收錄於卡西迪（R. Cassidy）、皮撒克（A. Pisac）與盧素安（C. Loussouarn）編輯之《賭博的定性研究：利用風險的產生和消費》（*Qualitative Research on Gambling: Exploiting the Production and Consumption of Risk*）（倫敦：路特列支出版社，2013 年）。

51 參見：維爾戴里（K. Verdery），《什麼是社會主義？接下來會是什麼？》（*What Was Socialism, and What Comes Next?*）（普林斯頓：普林斯頓大學出版社，1996 年）；維爾戴里，《消失的公頃：後社會主義的外西凡尼亞之財產和價值》（*The Vanishing Hectare: Property and Value in Postsocialist Transylvania*）（綺色佳：康乃爾大學出版社，2003 年）。

了各種物質和非物質形式的資產。

46 參見：亥克（J. Hacker），《巨大的風險轉移》（*The Great Risk Shift*）（牛津：牛津大學出版社，2008 年）。

47 參見：哈爾姆斯（A. Harmes），〈大眾投資文化〉（Mass Investment Culture），《新左派評論》，2001 年，第 9 期（5 月 -6 月），頁 103-24；朗格里（P. Langley），〈金融化與消費者信貸的興起〉（Financialization and the Consumer Credit Boom），《競爭與改變》（*Competition and Change*），2008 年，12（2），頁 133-47。

48 參見：馬丁，〈從政治經濟學的批判到金融的批判〉（From the critique of political economy to the critique of finance）， 收錄於李（B. Lee）與馬丁編輯之《衍生商品與社會財富》（*Derivatives and the Wealth of Societies*）（芝加哥：芝加哥大學出版社，2016 年）。

49 參見：張鸝（L. Zhang），〈私人住宅與獨特的生活方式：建立新的中產階級〉（*Private Homes, Distinct Lifestyles: Performing a New Middle Class*），收錄於王愛華（A. Ong）與張鸝編輯之《私有化中國》（*Privatizing China*）（綺色佳：康乃爾大學出版社，2008 年）；張鸝，《尋找天堂：生活在中國大都會的中產階級》（*In Search of Paradise: Middle Class Living in a Chinese Metropolis*）（綺色佳：康乃爾大學出版社，

18。

39 參見：〈快樂老人〉（Die glücklichen Alten），《明鏡》（*Der Spiegel*），2017年3月1日；〈快樂世代〉（Generation glücklich），《法蘭克福匯報》（*Frankfurter Allgemeine Zeitung*），2017年3月1日。

40 我在以下文章中分析了這些訪談：維斯，〈生命週期規劃和責任：德國的展望與回顧〉（*Lifecycle Planning and Responsibility: Prospection and Retrospection in Germany*），《民族》，2018年。

41 參見：弗蘭克，《落後：加劇的不平等如何危害中產階級》，頁43。

42 參見：布迪厄（P. Bourdieu）作，尼斯（R. Nice）譯，《區隔：品味判斷的社會批判》（*Distinction: A Social Critique of the Judgment of Taste*）（哈佛大學出版社，1984年）；布爾格、羅伍、得歐利維拉·佩加杜與范德柏格，〈了解穩固的與新起之南非黑人中產階級的消費模式〉。

43 參見：海曼，《追求階級認同：美國郊區的焦慮時代》。

44 參見：皮凱提（T. Piketty），果德罕姆（A. Goldhammer）譯，《二十一世紀資本論》（*Capital in the Twenty-First Century*）（麻州劍橋市：貝克那普出版社〔Belknap〕，2014年）。

45 他不恰當地將其稱為資本，但實際上，在他的例子中卻提到

35 參見：史瓦茲（H. Schwartz），〈重新審視真正重大的抉擇：為何資產負債表很重要〉（The Really Big Trade-Off Revisited: Why Balance Sheets Matter），中歐大學特邀演講，2015 年 5 月 11 日。

36 參見：莫（S. Mau），《不平等、市場化與多數階級》（*Inequality, Marketization and the Majority Class*）（倫敦：帕爾格雷夫．麥克米倫出版社，2015 年）。

37 參見：皮柏（G. Peebles），《歐元及其對手：貨幣與跨國城市的建構》（*The Euro and its Rivals: Currency and the Construction of a Transnational City*）（布魯明頓：印第安納大學出版社，2011 年）。

38 參見：奈奎斯特（A. Nyqvist），《瑞典重塑國家養老金制度的改革與責任：打開橙色信封》（*Reform and Responsibility in the Remaking of the Swedish National Pension System: Opening the Orange Envelope*）（紐約：帕爾格雷夫．麥克米倫出版社，2016 年）。我在自己針對以色列的養老金制度自由化所寫的民族誌著作中，亦可找到類似感受以及對這些感受中「消費者至上」的回應，參見：維斯（H. Weiss），〈金融化及其不滿：以色列人對養老金的談判〉（*Financialization and Its Discontents: Israelis Negotiating Pensions*），《美國人類學家》（*American Anthropologist*），2015 年，117（3），頁 506-

33 海曼，《追求階級認同：美國郊區的焦慮時代》(*Driving After Class: Anxious Times in an American Suburb*)(奧克蘭：加利福尼亞大學出版社，2015 年）描述了美國中產階級郊區形形色色的實際「門控」做法。沃爾多夫（R. W. Woldoff）、莫里森（L. M. Morrison）與格拉斯（M. R. Glass），《被排擠：斯圖維森特鎮與中產階級社區的流失》(*Priced Out: Stuyvesant Town and the Loss of Middle-Class Neighborhoods*)（紐約：紐約大學出版社，2016 年）則描述了曼哈頓某社區在租金監管租戶、市場價格租戶以及新擁有者之間，為安全感而付出的努力，以及這種情況如何加速造成中產階級的壓力。

34 索倫生（A. B. Sorenson），〈邁向更合理的階級分析基礎〉（Toward a Sounder Basis for Class Analysis），《美國社會學期刊》(*American Journal of Sociology*)，2000 年，105（6），頁 1523-58。索倫生認為集體行為（class action）只不過是一種尋租（rent seeking）。此論點已然引發熱議，因為這假設一個每位成員都站在平等地位上競奪租金的扁平社會，而實際上也等於再現了中產階級的意識形態。斯蓋格斯（B. Skeggs），《階級、自我、文化》(*Class, Self, Culture*)(倫敦：路特列支出版社，2004 年）除了梳理了這些爭論，還加入她自己的尖銳批評。

26 參見：波底佐尼（F. Boldizzoni），《手段與目的：1500至1970年之西方資本理念》（*Means and Ends: The Idea of Capital in the West, 1500-1970*）（紐約：帕爾格雷夫·麥克米倫出版社，2008年）。

27 參見：果夫（R. Goffee）與史卡茲（R. Scase），《進取精神之中產階級》（*The Entrepreneurial Middle Class*）（倫敦：克魯姆海姆〔Croom Helm〕出版社，1982年）。

28 參見：沃勒斯坦，〈概念和現實中的資產階級〉（*The Bourgeois(ie) as Concept and Reality*），《新左派評論》，1988年，167（1月-2月），頁91-106。

29 參見：奈特（F.H. Knight），《風險、不確定性和利潤》〈*Risk, Uncertainty, and Profit*〉（麻州波士頓，1921年；在線自由圖書館〔Online Library of Liberty〕，2018年）。

30 儘管大家都知道奈特將「風險」（risk）和「不確定性」（uncertainty）二字清楚區分開來，不過為了方便起見，我還是將兩者視為可互換的概念。奈特認為，「風險」是與可估量發生概率之未來事件相聯繫，這與「不確定性」不同。

31 參見：奈特，《風險、不確定性和利潤》，頁190。

32 參見：貝歇（D. Becher），《私有財產與公共權力：費城的土地徵用權》（*Private Property and Public Power: Eminent Domain in Philadelphia*）（紐約：牛津大學出版社，2014年）。

22 參見：霍布斯邦（E. J. Hobsbawm），《1848 至 1874 年之資本時代》（*The Age of Capital 1848-1874*）（倫敦：算盤〔Abacus〕出版社，1977 年）；霍布斯邦，《1875 至 1914 年之帝國時代》（*The Age of Empire 1875–1914*）（紐約：佳釀出版〔Vintage Books〕，1989 年）；霍布斯邦，《極端時代：1914 至 1991 年的短暫二十世紀》（*The Age of Extremes: The Short Twentieth Century 1914–1991*）（倫敦：算盤出版社，1995 年）。

23 參見：莫里斯（R. J. Morris），《1780 至 1870 年英國的男人、女人和財產：里茲中產階級家庭策略的社會史》（*Men, Women, and Property in England, 1780–1870: A Social History of Family Strategies amongst the Leeds Middle Class*）（劍橋：劍橋大學出版社，2005 年）。

24 參見：沃勒斯坦（I. Wallerstein），〈資本主義世界經濟中的階級衝突〉（*Class Conflict in the Capitalist World Economy*），收錄於巴里巴（E. Balibar）與沃勒斯坦編輯之《種族、國家、階級：模糊的身分認同》（*Race, Nation, Class: Ambiguous Identities*）（倫敦：維爾索出版社，1991 年），頁 115-24。

25 參見：大衛朵夫（L. Davidoffoff）與哈勒（C. Hall），《家庭財富：1780 至 1850 年英國中產階級的男人與女人》（*Family Fortunes: Men and Women of the English Middle Class 1780–1850*）（倫敦：哈欽森〔Hutchinson〕出版社，1987 年）。

17 參見：米拉諾維奇（B. Milanovic），《全球的不平等：全球化時代的一種新方法》（*Global Inequality: A New Approach for the Age of Globalization*）（麻州劍橋市：哈佛大學出版社，2016 年）。

18 參見：格雷伯（D. Graeber），〈人類學與專業管理階層的興起〉（Anthropology and the Rise of the Professional Managerial Class），《民族誌理論期刊》（*HAU: Journal of Ethnographic Theory*），2014 年，4（3），頁 73-88。

第二章｜財產的低調魅力

19 參見：海曼、富里曼與利奇第主編之《制定中產階級人類學計畫》，頁 20。

20 參見：摩爾度奇（J. Morduch）與許奈德（R. Schneider），《金融日記：美國人如何應對世界的不確定性》（*The Financial Diaries: How Americans Cope in a World of Uncertainty*）（普林斯頓：普林斯頓大學出版社，2017 年）。

21 參見：瓦爾曼（D. Wahrman），《想像中產階級：1780 至 1840 年英國階級的政治代表》（*Imagining the Middle Class: The Political Representation of Class in Britain 1780-1840*）（劍橋：劍橋大學出版社，1995 年）。

本主義與衍生商品：金融衍生商品、資本和階級的政治經濟學》（*Capitalism with Derivatives: A Political Economy of Financial Derivatives, Capital and Class*）（紐約：帕爾格雷夫·麥克米倫出版社，2006年）；布萊恩與拉費堤，〈重新制定緊縮政策：金融道德、儲蓄和債券化〉（Reframing Austerity: Financial Morality, Saving and Securitization），《文化經濟雜誌》（*Journal of Cultural Economy*），2017年，第10（4）期，頁339-55；李（B. Lee）與利普馬（E. LiPuma），《金融衍生工具與風險的全球化》（*Financial Derivatives and the Globalization of Risk*）（德罕：杜克大學出版社，2004年）。

16 參見：馬丁（R. Martin），《日常生活的金融化》（*The Financialization of Daily Life*）（費城：天普大學出版社，2012年）；索德柏格（S. Soederberg），〈吃人的的資本主義：新自由主義養老金債券化的悖論〉（Cannibalistic Capitalism: The Paradoxes of Neoliberal Pension Securitization），《社會主義紀錄》（*Socialist Register*）2010年，頁47。索提洛普羅斯（D. Sotiropoulos）、米里歐斯（J. Milios）與拉帕奇歐拉斯（S. Lapatsioras），《當代資本主義的政治經濟學及其危機：揭秘金融》（*A Political Economy of Contemporary Capitalism and its Crisis: Demystifying Finance*）（紐約：路特列支出版社，2013年）。

13 有關資本主義的論述中，我參考了以下著作：馬克思（K. Marx）作，福克斯（B. Fowkes）譯，《資本論》（*Capital*），第一卷（倫敦：企鵝出版社，1990 年）；以及本人認為馬克思該著作的評論者和更新者著作中最令人受益的，例如克拉克（S. Clarke），《馬克思的危機理論》（*Marx's Theory of Crisis*）（倫敦：麥克米倫〔McMillan〕出版社，1994 年）、哈維（D. Harvey），《資本的限制》（*Limits to Capital*）（倫敦：維爾索出版社，2006 年）、海因里希（M. Heinrich）作，羅卡（A. Locascio）譯，《馬克思三卷《資本論》之導論》（*An Introduction to the Three Volumes of Karl Marx's Capital*）（紐約：每月評論〔Monthly Review〕出版社，2004 年）以及普殊同（M. Postone），《時間、勞動和社會宰制：對馬克思批判理論的重新詮釋》（*Time, Labor, and Social Domination: A Reinterpretation of Marx's Critical Theory*）（劍橋：劍橋大學出版社，1993 年）。

14 參見：卡爾緒第（G. Carchedi），〈關於新中產階級的經濟認同〉（On the Economic Identification of the New Middle Class），收錄於《經濟與社會》（*Economy and Society*），1975 年，4（1）；萊特（E. O. Wright），《階級》（*Classes*）（倫敦：維爾索出版社，1985 年）。

15 參見：布萊恩（D. Bryan）和拉費堤（M. Rafferty），《資

歷生計的困難後，依然相信自己是中產階級，縱使境遇不順遂，他們仍是自己命運的主人。參見：杜德利，《線的終點：失業後在美國後工業時代的新生活》(*End of the Line: Lost Jobs, New Lives in Postindustrial America*)（芝加哥：芝加哥大學出版社，1994 年）；杜德利，《負債與剝奪：美國中心地帶的農場損失》(*Debt and Dispossession*：*Farm Loss in America's Heartland*)（芝加哥：芝加哥大學出版社，2000 年）。

11 參見：麥克洛斯基（D. McCloskey），《資產階級的美德：商業時代的倫理學》(*The Bourgeois Virtues: Ethics for an Age of Commerce*)（芝加哥：芝加哥大學出版社，2006 年）；麥克洛斯基，《資產階級時代：為什麼經濟學無法解釋現代世界》(*The Bourgeois Era: Why Economics Can't Explain the Modern World*)（芝加哥：芝加哥大學出版社，2010 年）；麥克洛斯基，《資產階級平等：為何令世界豐富的是思想，而不是資本或制度？》(*Bourgeois Equality: How Ideas, Not Capital or Institutions, Enriched the World*)（芝加哥：芝加哥大學出版社，2016 年）。

12 參見：莫雷蒂（F. Moretti），《資產階級：歷史與文學之間》（*The Bourgeois: Between History and Literature*），（倫敦：維爾索出版社，2013 年）。

言：階級與新人類學的整體主義〉（Introduction: Class and the New Anthropological Holism），收錄於卡利耶（J.G. Carrier）與卡爾伯編輯之《階級人類學：權力、實踐與不平等》（*Anthropologies of Class: Power, Practice and Inequality*）（劍橋：劍橋大學出版社，2015 年）。

第一章｜我們談的中產階級究竟是什麼？

8 參見：艾倫瑞克（B. Ehrenreich），《害怕失敗：中產階級的內在生活》（*Fear of Falling: The Inner Life of the Middle Class*）（紐約：眾神〔Pantheon〕出版社，1989 年）。

9 參見：波坦斯基（L. Boltanski）與恰培羅（E. Chiapello），《資本主義的新精神》（*The New Spirit of Capitalism*）（倫敦：維爾索〔Verso〕出版社，2007 年）；沙瓦吉（M. Savage），《階級分析與社會轉變》（*Class Analysis and Social Transformation*）（費城：空中大學〔Open University〕出版社，2000 年）；紀傑克（S. Žižek），《棘手的主題：政治本體論缺乏中心》（*The Ticklish Subject: The Absent Center of Political Ontology*）（倫敦：維爾索出版社，2000 年）。

10 人類學家凱瑟琳・杜德利（Kathryn Dudley）曾在美國研究過無依無靠的農民和失業的汽車工人。她了解到，他們在經

Class Moralities: Everyday Struggle over Belonging and Prestige in India），（新德里：東方黑天鵝〔Orient Blackswan〕出版社，2012 年）；馬哈蘇德，《巴基斯坦的新中產階級》。此外，以下合輯中則可找到種類繁多的案例研究：富里曼、海曼與利奇第主編之《制定中產階級人類學計畫》；黎（H. Li）與馬爾須（L. L. Marsh）主編之《新興社會的中產階級：消費者、生活方式和市場》（*The Middle Class in Emerging Societies: Consumers, Lifestyles and Markets*）（倫敦：路特列支出版社，2016 年）；梅爾伯主編之《非洲中產階級的崛起：神話、現實與批判性參與》；多納，〈全球中產階級的人類學〉（The Anthropology of the Middle Class Across the Globe），《本世紀人類學》（*Anthropology of this Century*），2017 年。另可參見：瓦剛特（L. Wacquant），〈製造階級：社會理論和社會結構中的中產階級〉（Making Class: The Middle Class(es) in Social Theory and Social Structure），收錄於勒文（R.F. Levine）、范塔席亞（R. Fantasia）與麥克那爾（S. McNall）主編之《把階級帶回來》（*Bringing Class Back In*），（布爾德〔Boulder〕：西方觀點〔Westview〕出版社，1991 年）。至於反對為「中產階級」下定義、為其劃出界線的著作以及其他反駁的論點則請參考：卡爾伯，〈階級〉，收錄於諾里尼編輯之《城市人類學指南》以及卡爾伯，〈引

（*Money, Morals, and Manners: The Culture of the French and American Upper-Middle Class*）（芝加哥：芝加哥大學出版社，1992 年）；利奇第，《適合現代：在新的消費社會中建立中產階級文化》（*Suitably Modern: Making Middle-Class Culture in a New Consumer Society*）（普林斯頓：普林斯頓大學出版社，2003 年）；利奇第，〈似曾相識的中產階級〉（*Middle-Class Déjà Vu*），收錄於海曼、富里曼與利奇第編輯之《全球的中產階級》（*The Global Middle Classes*），（聖塔菲：SAR 出版社，2012 年）；巴迪可（J. Patico），《後蘇聯中產階級的消費和社會變革》（*Consumption and Social Change in a Post-Soviet Middle Class*）（華盛頓：伍德羅威爾遜中心〔Woodrow Wilson Center〕出版社，2008 年）；蘇密曲，〈繁榮的不確定性：馬布托的中產階級特權的依賴與政治〉；楚伊特（A. Truitt），〈胡志明市中產階級的銀行業務〉（Banking on the Middle Class in Ho Chi Minh City），收錄於阮范（M. Van Nguyen）、貝朗傑（D. Bélanger）與威爾契・度魯蒙（L. B. Welch Drummond）編輯之《優越地位的再造：現代性與越南城市的中產階級》（*The Reinvention of Distinction: Modernity and the Middle Class in Urban Vietnam*），（紐約：史普林格〔Springer〕出版社，2012 年）；撒瓦拉（M. Saavala），《中產階級的道義：印度日常中為財物與聲望的奮鬥》（*Middle-*

上我們的父母：專業中產階級的衰落》（*Not Keeping Up with Our Parents: The Decline of the Professional Middle Class*）（波士頓：畢肯〔Beacon〕出版社，2008 年）；菲利普斯（K. Phillips），《沸點：共和黨人、民主黨人與中產階級繁榮的衰落》（*Boiling Point: Republicans, Democrats, and the Decline of Middle-Class Prosperity*）（紐約：蘭登〔Random〕書屋，1993 年）；波特（K. Porter）《分文不名：債務如何令中產階級破產》（*Broke: How Debt Bankrupts the Middle Class*），（史丹佛：史丹佛大學出版社，2012 年）；蘇利文（T. A. Sullivan）、華倫（E. Warren）與威斯特布魯克（J. L. Westbrook），《脆弱的中產階級：負債的美國人》（*The Fragile Middle Class: Americans in Debt*）（新港：耶魯大學出版社，2000 年）。

7 讀者可參閱以下著作：卡爾伯，《擴展的階級：工業社區中的權力和政治，以 1850 至 1950 年的荷蘭為例》（*Expanding Class: Power and Politics in Industrial Communities, The Netherlands, 1850-1950*），（德罕：杜克大學出版社，1997 年）；連姆（W. Lem），《法國後福特時代的連屬階級》（*Articulating Class in Post-Fordist France*），《美國民族學家》，2002 年，29（2），頁 287-306；拉蒙（M. Lamont），《金錢、道德和禮儀：法國和美國中上層階級的文化》

of the American Middle Class）（牛津大學出版社，2016 年）；費茲傑羅（S. T. Fitzgerald）與柯文（T. L. Kevin），《美國中產階級之崩潰：原因、後果和補救措施》（*Middle Class Meltdown in America: Causes, Consequences and Remedies, second edition*），第二版（倫敦：路特列支出版社，2014 年）；福爾米沙諾（R. P. Formisano），《美國的富豪統治：加重的不平等如何破壞中產階級並剝削窮人》（*Plutocracy in America: How Increasing Inequality Destroys the Middle Class and Exploits the Poor*）（巴爾的摩：約翰霍普金斯大學出版社，2015 年）；弗蘭克（R. H. Frank），《落後：加劇的不平等如何危害中產階級》（*Falling Behind: How Rising Inequality Harms the Middle Class*）（柏克萊：加州大學出版社，2007 年）；霍夫曼（P. T. Hoffman）、波斯泰勒－維奈（G. Postel-Vinay）與羅森塔爾（J. L. Rosenthal），《在大損失中存活：金融危機、中產階級和資本市場發展》（*Surviving Large Losses: Financial Crises, the Middle Class, and the Development of Capital Markets*）（倫敦：哈佛大學出版社，2007 年）；麥德蘭（D. Madland），《掏空：為什麼沒有強大的中產階級經濟就無法運作？》（*Hollowed Out: Why the Economy Doesn't Work Without a Strong Middle Class?*），（柏克萊：加州大學出版社，2015 年）；慕尼（N. Mooney），《沒有跟

印度尼西亞中產階級論述中的女性、美德和過度〉（Women in the Middle: Femininity, Virtue, and Excess in Indonesian Discourses of Middle-Classness），收錄於海曼、富里曼與利奇第編輯之《中產階級：透過民族學的理論化》（*The Middle Classes: Theorizing Through Ethnography*）（聖塔菲：高等研究院出版社〔School for Advanced Research Press〕，2012 年）；黎克（A. Ricke），〈製造中產階級：巴西的國內觀光、民族根源和階級路線〉（Producing the Middle Class: Domestic Tourism, Ethnic Roots, and Class Routes in Brazil），《拉丁美洲和加勒比海地區人類學期刊》（*The Journal of Latin American and Caribbean Anthropology*），2017 年。

5 參見：諾瑟拉（J. Nocera），《一場行動：中產階級如何加入金錢階級》（*A Piece of the Action: How the Middle Class Joined the Money Class*）（紐約：西蒙與舒斯特〔Simon and Schuster〕出版社，2013 年）。

6 可參閱以下著作：凱西（M. J. Casey），《不公平貿易：破碎的全球金融體系如何摧毀中產階級》（*The Unfair Trade: How Our Broken Global Financial System Destroys the Middle Class*）（紐約：皇冠出版社〔Crown Publishing〕，2012 年）；費格斯（D. Fergus），《費用的國度：隱藏的成本與美國中產階級的沒落》（*Land of the Fee: Hidden Costs and the Decline*

年，16（1），頁93-116；富里曼（C. Freeman）、海曼（R. Heiman）與利奇第（M. Liechty）編輯，《制定中產階級人類學計畫》（*Charting an Anthropology of the Middle Classes*）（聖塔菲：SAR出版社，2012年）。

4 雖然人類學家已經證明，當中產階級與種族、宗教和性別等屬性交織在一起時，往往會令其界限更加突出。參見：臧小偉（X. Zang），〈社會經濟成就、文化品味和族群認同：烏魯木齊維吾爾族的階級主體性〉（*Socioeconomic Attainment, Cultural Tastes, and Ethnic Identity: Class Subjectivities Among Uyghurs in Ürümchi*），《族群與種族研究》（*Ethnic and Racial Studies*），2016年；布爾格等，〈當代南非的新興中產階級：審視和比較對立的方法〉；多納（H. Donner），《國內的女神：現代性、全球化和當代印度城市的中產階級認同》（*Domestic Goddesses: Modernity, Globalisation, and Contemporary Middle-Class Identity in Urban India*）（倫敦：路特列支出版社，2008年）；富里曼，〈「新自由主義」的「聲譽」〉（The 'Reputation' of 'Neoliberalism'），《美國民族學家》（*American Ethnologist*），2007年，34（2），頁252-67；馬哈蘇德（A. Maqsood），《巴基斯坦的新中產階級》（*The New Pakistani Middle Class*）（劍橋，麻薩諸塞州：哈佛大學出版社，2017年）；瓊斯（C. Jones），〈中間的女性：

出版社，1999 年）；洛卡（J. L. Rocca），〈中國中產階級的成長：小小的慰藉與遠大的期望〉（*The Making of the Chinese Middle Class: Small Comfort and Great Expectations*），《2017 年國際關係和政治經濟學中的政治科學系列》（*The Sciences Po Series in International Relations and Political Economy 2017*）；沙寇（M. Shakow），《沿著玻利維亞的高速公路：新中產階級的社會流動和政治文化》（*Along the Bolivian Highway: Social Mobility and Political Culture in a New Middle Class*）（費城：賓夕法尼亞大學出版社，2014 年）；蘇密曲（J. Sumich），〈繁榮的不確定性：馬布托的中產階級特權的依賴與政治〉（The Uncertainty of Prosperity: Dependence and the Politics of Middle-Class Privilege in Maputo），《民族》（*Ethnos*），2015 年，80（1），頁 1-21；蘇姆納（A. Sumner）與維茲克（F. B. Wietzke），〈發展中國家「新中產階級」的政治和社會影響是什麼？〉（What Are the Political and Social Implications of the 'New Middle Classes' in Developing Countries?），《國際發展研究所工作文集》（*International Development Institute Working Paper*），2014 年；范維索（M. van Wessel），〈談消費：印度中產階級如何脫離中產階級生活〉（Talking about Consumption: How an Indian Middle Class Dissociates from Middle-Class Life），《文化動力》（*Cultural Dynamics*），2004

與馬來西亞的新中產階級》(*State Led Mobilization and the New Middle Class in Malaysia*)(倫敦:帕爾格雷夫·麥克米倫〔Palgrave Macmillan〕出版社,2002 年);斐南德斯(L. Fernandes),《印度的新中產階級》(*India's New Middle Class*)(明尼亞波利斯:明尼蘇達大學出版社,2006 年);詹姆斯(D. James),〈更加深陷錢坑?南非的借貸〉(*Deeper into a Hole? Borrowing and Lending in South Africa*),《當代人類學》(*Current Anthropology*),55(S9),頁 17-29;詹姆斯,《白白花錢:南非的債務和抱負》(*Money for Nothing: Indebtedness and Aspiration in South Africa*)(史丹佛:史丹佛大學出版社,2015 年);辜,〈全球中產階級是如何形成的?代表什麼?〉;麥克勒南(M. MacLennan)與馬爾加耶斯(B. J. Margalhaes)編輯,〈貧困焦點〉(Poverty in Focus),發展政策局(*Bureau for Development Policy*),2014 年,頁 26;梅爾伯主編之《非洲中產階級的崛起:神話、現實與批判性參與》;歐斯伯格(J. Osburg),《焦慮的財富:中國新富階級的金錢與道德》(*Anxious Wealth: Money and Morality Among China's New Rich*)(史丹佛:史丹佛大學出版社,2013 年);歐文斯比(B. P. Owensby),《親密的反諷:現代性和巴西中產階級生活的形成》(*Intimate Ironies: Modernity and the Making of Middle-Class Lives in Brazil*)(史丹佛:史丹佛大學

3 這些問題中有一些已在以下著作中被指出，例如：裘維勒（L. Chauvel）和哈爾東（A. Hartung），〈西方中產階級的困頓〉（*Malaise in the Western Middle Classes*），《2016年世界社會科學報告》（*World Social Science Report 2016*），頁164-69。至於非西方社會中產階級的一系列議題，則可參考：巴納吉與杜芙洛，〈什麼是中產階級？世界各地的中產階級〉；布爾格、羅伍（M. Louw）、得歐利維拉・佩加杜（B.B.I. de Oliveira Pegado）與范德柏格，〈了解穩固的與新起之南非黑人中產階級的消費模式〉（Understanding Consumption Patterns of the Established and Emerging South African Black Middle Class），《南非發展》，2015年，32（1），頁41-56；陳（J. Chen），《一個沒有民主的中產階級：經濟增長和中國民主化的前景》（*A Middle Class Without Democracy: Economic Growth and the Prospects of Democratization in China*）（牛津：牛津大學出版社，2013年）；柯恩（S. Cohen），《尋找不一樣的未來》（*Searching for a Different Future*）（德罕：杜克大學出版社，2004年）；杜瓦特（A. Duarte），〈短暫出現的葡萄牙新中產階級〉（*The Short Life of the New Middle Class in Portugal*），《國際藝術與社會科學研究期刊》（*International Research Journal of Arts and Social science*），2016年，3（2），頁47-57；恩彭（A. R. Embong），《國家領導動員

（*Social Class and the Spirit of Capitalism*），《歐洲經濟學會期刊》（*Journal of the European Economic Association*），2005 年 3（2-3），頁 516-24；德拉伯、霍廉斯、柯迪亞可夫、拉茲曼與亞求布，〈全球中產階級的崛起：2030 年之前的全球社會趨勢〉；艾爾戴瓦（N. Eldaeva）、卡克洛瓦（O. Khakhlova）、列布丁斯卡亞（O. Lebedinskaya）與席比爾斯卡亞（E. Sibirskaya），〈俄羅斯中產階級統計學上的評估〉（*Statistical Evaluation of Middle Class in Russia*），《地中海社會科學期刊》（*Mediterranean Journal of Social Sciences*），2015年，6（3），頁 125-34；強森（S. D. Johnson）與坎多甘（Y. Kandogan），〈經濟和政治自由在全球中產階級中的作用〉（*The Role of Economic and Political Freedom in the Emergence of Global Middle Class*），《國際商業評論》（*International Business Review*），2016年，25（3），頁 711-25；魯夫姆帕（C. L. Lufumpa）與努區博（M. Ncube），《非洲的新興中產階級》（*The Emerging Middle Class in Africa*）（紐約：路特列支出版社，2016 年）。讀者也可以參考手邊一些頗受歡迎的雜誌。以下這篇雖無法成功為中產階級下定義，卻在結論中指出它對民主、經濟和社會極為重要：畢里泰利（T. Billitteri），〈中產階級壓力〉（Middle Class Squeeze），國會季刊出版社（CQ Press），2009 年，頁 9-19。

78（11-12 月），頁 5-29。這些文章都從批判的角度總結了前述的許多方法，而這些方法也更自由、樂觀地被用於以下研究中：德拉伯（S. Drabble）、霍廉斯（S. Hoorens）、柯迪亞可夫（D. Khodyakov）、拉茲曼（N. Ratzmann）與亞求布（O. Yaqub），〈全球中產階級的崛起：2030 年之前的全球社會趨勢〉（The Rise of the Global Middle Class: Global Social Trends to 2030），蘭德（Rand）公司，主題報告之六，2015 年；〈國際貨幣基金組織：全球金融穩定報告：市場發展和問題〉（*IMF: Global Financial Stability Report: Market Developments and Issues*），國際貨幣基金組織，2006 年。

2 讀者可參考的例子如下：阿莫蘭多（G. Amoranto）、楚恩（N. Chun）與迪歐拉利克（A. Deolaliker），〈誰是中產階級？他們擁有什麼價值觀？來自全世界價值觀調查的證據〉（*Who are the Middle Class and What Values Do They Hold? Evidence from the World Values Survey*），《亞洲開發銀行工作文件系列》（*Asian Development Bank Working Paper Series*），2010 年，229 期；賈夫勒羅（C. Jaffrelot）與范德維爾（P. van der Veer）編輯，〈印度和中國的中產階級消費模式〉（*Patterns of Middle Class Consumption in India and China*）（倫敦：薩吉〔Sage〕出版社，2012 年）；杜柏克（M. Doepke）與吉里玻提（F. Zilibotti），〈社會階級與資本主義精神〉

（紐約：布萊克威爾〔Blackwell〕出版社，2014 年）；開爾斯騰內茨基（C. L. Kerstenetzky）、烏秋雅（C. Uchôa）與杜瓦雷席勒瓦（N. do Valle Silva），〈巴西難以捉摸的新中產階級〉（The Elusive New Middle Class in Brazil），《巴西政治科學評論》（*Brazilian Political Science Review*），2015 年，9（3）；辜（H. Koo），〈全球中產階級是如何形成的？代表什麼？〉（The Global Middle Class: How Is It Made, What Does It Represent?），《全球化》（*Globalizations*），2016 年，13（3）；梅爾伯（H. Melber）主編之《非洲中產階級的崛起：神話、現實與批判性參與》（*The Rise of Africa's Middle Class: Myths, Realities, and Critical Engagements*）（倫敦：傑德出版社〔Zed Books〕，2016 年）；農迪（M. Nundee），《我們什麼時候全都成了中產階級？》（*When Did We All Become Middle Class?*）（倫敦：路特列支〔Routledge〕出版社，2016 年）；朵爾（G. M. D. Dore），〈衡量難以捉摸的中產階級並估計其在經濟發展和民主中的作用〉（Measuring the Elusive Middle Class and Estimating its Role in Economic Development and Democracy），《世界經濟學期刊》（*World Economics Journal*），2017 年，18（2），頁 107-122；泰爾波恩（G. Therborn），〈二十一世紀的階級〉（*Class in the Twenty-First Century*），《新左派評論》（*New Left Review*），2012 年，

注釋

導論｜我們從來不是中產階級

1　參見：巴納吉（A. V. Banerjee）與杜芙洛（E. Duflo），〈什麼是中產階級？世界各地的中產階級〉（What Is the Middle Class About? The Middle Classes Around the World），《麻省理工學院討論會論文集》（*MIT Discussion Papers*），2007 年；布爾格（R. Burger）、康普（S. Kamp）、李（C. Lee）、范德柏格（S. van der Berg）與左須（A. Zoch），〈當代南非的新興中產階級：審視和比較對立的方法〉（*The Emergent Middle Class in Contemporary South Africa: Examining and Comparing Rival Approaches*），《南非發展》（*Development South Africa*），2015 年，32（1），24-40；卡爾伯（D. Kalb），〈階級〉（*Class*），收錄於諾里尼（D. M. Nonini）編輯之《城市人類學指南》（*A Companion to Urban Anthropology*） next 281

中產悲歌：面對薪資停滯、金融危機、稅賦不公，中產階級如何改寫未來？

作　者—哈達絲．維斯（Hadas Weiss）
譯　者—翁尚均
主　編—陳家仁
編　輯—黃凱怡
協力編輯—郭昭君
企　劃—藍秋惠
封面設計—陳恩安
內頁設計—李宜芝

總 編 輯—胡金倫
董 事 長—趙政岷
出 版 者—時報文化出版企業股份有限公司
108019 台北市和平西路三段 240 號 4 樓
發行專線—(02)2306-6842
讀者服務專線—0800-231-705．(02)2304-7103
讀者服務傳真—(02)2304-6858
郵撥—19344724 時報文化出版公司
信箱—10899 臺北華江橋郵局第 99 信箱

時報悅讀網—http://www.readingtimes.com.tw
法律顧問—理律法律事務所 陳長文律師、李念祖律師
印　刷—紘億印刷有限公司
初版一刷—二〇二〇年十一月六日
定　價—新台幣三六〇元
（缺頁或破損的書，請寄回更換）

時報文化出版公司成立於一九七五年，
並於一九九九年股票上櫃公開發行，於二〇〇八年脫離中時集團非屬旺中，
以「尊重智慧與創意的文化事業」爲信念。

中產悲歌：面對薪資停滯、金融危機、稅賦不公，中產階級如何改寫未來？/ 哈達絲 . 維斯 (Hadas Weiss) 作 ; 翁尚均譯 . -- 初版 . -- 臺北市 : 時報文化, 2020.11.
272 面 ; 14.8 x 21 公分 . -- (next ; 281)

譯自 : We have never been middle class : how social mobility misleads us.

ISBN 978-957-13-8388-0(平裝)

1. 中產階級 2. 社會心理學

546.16　　109014358

ISBN 978-957-13-8388-0
Printed in Taiwan